1 COLEÇÃO
EMERGÊNCIA CLIMÁTICA

Observatório Interdisciplinar das Mudanças Climáticas
mórula EDITORIAL

DA PANDEMIA À MUDANÇA CLIMÁTICA

José Maurício Domingues

REVISÃO
Marilia Pereira

PROJETO GRÁFICO
Patrícia Oliveira

CIP-BRASIL. CATALOGAÇÃO NA PUBLICAÇÃO
SINDICATO NACIONAL DOS EDITORES DE LIVROS, RJ
Elaborado por Gabriela Faray Lopes – CRB 7/6643

D718p

Domingues, José Maurício
Da pandemia à mudança climática / José Maurício Domingues; [coordenação Carlos R. S. Milani, José Maurício Domingues]. - 1. ed. - Rio de Janeiro: Mórula, 2024.
196 p. ; 21 cm. (Emergência Climática ; 1)

Inclui bibliografia.
ISBN 978-65-6128-052-5

1. Mudanças climáticas. 2. Meio ambiente. 3. Aquecimento global. 4. COVID-19, Pandemia de, 2020-2023. I. Milani, Carlos R. S. II. Título. III. Série.

24-94059 CDD: 363.7
CDU: 504

Rua Teotônio Regadas 26 sala 103
20021_360 _ Lapa _ Rio de Janeiro _ RJ
www.morula.com.br _ contato@morula.com.br
morulaeditorial morula_editorial

SUMÁRIO

INTRODUÇÃO

Mal saímos da pandemia do coronavírus/COVID-19 e a mudança climática se impõe como um dos fatos centrais — e ameaçadores — de nosso tempo. Evidentemente, já o fazia antes, mas ela se intensifica e sua sombra se projeta com cada vez mais amplitude. Há realmente visões, problemáticas, que a pintam como uma catástrofe da qual não haveria saída — alguns quase a celebram como castigo a uma humanidade predatória. Todavia, embora deva-se dar um desconto quando essas posições se apresentam, em geral com estridência, não é razoável negar a realidade gritante dos processos de aquecimento global, acidificação dos oceanos e extinção das espécies, além de outros a eles associados e bastante visíveis, como a multiplicação dos eventos extremos e a elevação do nível dos oceanos, com o degelo das calotas polares. Trata-se de uma emergência global, com desdobramentos de enorme alcance e impacto.

"Agitação" e denúncia frente a essa emergência global são inevitavelmente predileções, razoáveis e necessárias, dos movimentos sociais. Por seu turno, previsões científicas requerem mais sobriedade, sem furtar-se de alertar para os cenários potencialmente catastróficos que se apresentam, mas tampouco sem assumi-los como inevitáveis, o que ademais não ajuda politicamente (Davidson; Kemp, 2023). Realmente, a ciência muito claramente identifica as tendências de desenvolvimento do clima e de processos correlatos — de risco ou ameaça imediata já extrema para a espécie humana e outras espécies hoje —, ainda que suas previsões de futuro se baseiem em modelos probabilísticos articulados sobretudo por meteorologistas. Decerto, não se deve tomar as afirmações da ciência como certezas absolutas, pois ela é falível e responde também a influências políticas. Entretanto, muito pior e de gravíssimas consequências, essas sim levando à catástrofe, é o abraço do negacionismo. A possibilidade de uma pandemia, com efeito global, como a que vivemos entre 2020 e 2022, era bem sabida e, infelizmente, muito pouco foi feito para preveni-la e preparar-nos para enfrentá-la. Não é o que está se passando com a mudança climática, à qual, malgrado muitas limitações e bloqueios, se tem dedicado muito mais esforços, com os resultados da COP28 de 2023 recentemente indicando significativos avanços no caminho de abandonar os combustíveis fósseis, os principais responsáveis pela emissão de CO_2, e reduzir drasticamente a emissão de metano, bem como no apoio aos países mais pobres para proceder à descarbonização, com o fundo para "perdas e danos", além de a questão ambiental ter sido mais bem e mais amplamente articulada à emergência climática. O mesmo vem se verificando no que concerne a outros acordos recentes positivos, como o que se concluiu em dezembro de 2022 com relação à defesa da biodiversidade, na COP15[1]. A catástrofe se projeta, os movimentos sociais são cruciais para colocá-la na agenda política, sem ser, todavia, inevitável; nem muito menos dever-se-ia festejá-la como produtora de transformações sociais, como por vezes ocorre mais ou menos abertamente.

Obviamente, avanços não obstante, há muito que fazer, assim como há muitas limitações nas resoluções das próprias COP. Seja como for, não devemos crer que esteja tudo perdido, do contrário o que se poderia fazer é esperar pelo fim do mundo ou ao menos pela piora constante

1. Um sumário imediatamente posterior à COP28 encontra-se em Carlin, 2023 e, entre muitos, em *The Guardian*, 13/12/2023. Para a COP15, ver, entre muitos, *The Guardian*, 19/12/2022.

das condições de vida no planeta, o que pode servir à ficção, mas não deveria nos orientar politicamente. Capitalistas, estados e a Organização das Nações Unidas (ONU), cientistas e movimentos sociais, além dos cidadãos em geral, são os agentes que se destacam na produção e no enfrentamento a essa emergência climática, ao passo que se desenham como cruciais temas que vão do regime ou governança global do clima à justiça climática, passando pela transição energética e a descarbonização, ao lado de muitos outros. Praticamente todos estão de alguma forma vinculados à implementação de políticas públicas voltadas a dar conta desse complexo e ameaçador fenômeno.

Este livro se dedica exatamente a essa ampla problemática. Seus três primeiros capítulos se debruçam sobre a pandemia do coronavírus/COVID-19, seja em termos mais substantivos, seja mais conceitualmente, mas, de todo modo, sempre da perspectiva de uma teoria social crítica amplamente concebida. Sobretudo, os três primeiros estão marcados por terem sido produzidos a "quente", em meio à crise da pandemia e como uma resposta a ela. O primeiro capítulo levanta hipóteses, cuja concretização se verificou por vezes apenas parcialmente. As questões de fundo sobre risco e pandemia que nele se destacam, assim como quanto às respostas produzidas e às capacidades estatais a elas subjacentes, seguem absolutamente vigentes, além de maneira geral sua avaliação sobre o que futuro nos poderia trazer ter se mostrado bastante razoável. Já o segundo capítulo descansa sobre a utilização do conceito de *subjetividade coletiva* e suas bases materiais para o entendimento da pandemia, apontando para questões de teoria social mais gerais. Em contraste, o terceiro se debruça sobre a terrível resposta do governo Jair Bolsonaro à pandemia, no extremo do descaso e da irresponsabilidade quando se o compara às respostas em outros países; a conjuntura tem tratamento destacado, mas questões de fundo que apareceram no primeiro capítulo encontram aqui concretização específica. Os três capítulos seguintes focalizam-se então na mudança climática. Primeiramente, trata-se de enfrentar teoricamente a questão da "natureza" na modernidade, sua relação com a política e como isso deságua na questão climática. Em seguida, debruço-me sobre o sistema das Nações Unidas que trata do tema e o edifício conceitual que, imbricado com essas organizações e instituições, urde uma província social, em termos fenomenológicos. Enfim, mudança climática, capitalismo e Estado, bem como possíveis alternativas contemporâneas tomam a cena. Afora detalhes de edição ou bibliográficos, e salvo no que se refere a um certo encurtamento do Capítulo 3 e pequenas precisões quanto ao racionalismo e o cartesianismo no Capítulo 4, a tradução desses capítulos aqui reproduz as publicações originais. Ao longo do livro e em particular nesses três últimos capítulos, análises e temas vão se somando, adensando e ampliando.

Enfim, veremos ao longo deste livro que, além de tudo, em vários aspectos questões comuns ligam pandemia e mudança climática. Conceitos como os de subjetividade coletiva e modernidade, com suas fases, instituições e imaginário, atravessam todos os capítulos, que compartilham temas substantivos também, além de uma dimensão global inarredável. De cunho muitas vezes teórico, os textos aqui recolhidos não deixam, outrossim, de apontar questões práticas e de pensar estratégias para dar conta desse enorme desafio.

Saímos no Brasil de um período curto, mas terrível, do governo Bolsonaro, no que concerne à pandemia e às mudanças climáticas, bem como em tudo mais. Temos assim uma janela de oportunidade, nesse sentido e em outros[2]. Mas a verdade é que não está bem claro

---

2. Além do texto que corresponde ao Capítulo 2 deste livro, produzimos um texto de cunho político, no auge da pandemia, postado em vários sites, notadamente no do CLACSO, em português, espanhol e inglês. Ele foi posteriormente publicado como Bahia, Chade, Dedecca, Domingues, Gonçalves Leite, Herz, Lavinas, Ocké-Reis, Rodríguez e Santos, 2021. Relevante é também, mais teórico e moderadamente otimista, Domingues, 2022a. Embora cite livros meus anteriores (Domingues, [2019] 2021; 2022c) com frequência ao longo deste livro, é em trabalho alentado mais recente (Domingues, 2024a) que minhas teses quanto à sociologia política são definitivamente elaboradas, ademais em confronto com os fenômenos da pandemia e da mudança climática. Este livro mais recente ganha centralidade nas referências do último capítulo. Para certas questões programáticas, ver Domingues (2021).

aonde vamos, com a ressurgência do tema da mudança climática de forma positiva no seio do terceiro governo de Luiz Inácio Lula da Silva, acompanhada, porém, de muitas resistências, além, infelizmente, da possibilidade do retorno da direita negacionista ao governo em um futuro próximo — contra o que decerto se pode e se deve lutar. É inclusive imprescindível argumentar de forma consistente a respeito da necessidade de enfrentar a mudança climática como parte desse combate, que envolve políticas transformadoras e a defesa da democracia. A Amazônia, sem dúvida, deve se pôr no centro de nossas preocupações, mas nem a questão da mudança climática entre nós pode se resumir isso, nem pode a questão ambiental ser a ela confinada. A agenda é grande e o debate público, imprescindível.

Espero, de minha parte, que este livro contribua para a evolução da discussão sobre a mudança climática entre nós, que já conta com um acervo significativo. Os trabalhos existentes evidenciam caráter eventualmente teórico, mas tendem a se concentrar no regime ou governança global da mudança climática, bem como nas políticas públicas encetadas nos diversos planos da federação brasileira e na participação internacional de seu executivo federal no que diz respeito a essa questão, com a ciência nacional recebendo certa atenção também. A Amazônia, o desmatamento, a questão energética e a biodiversidade têm proeminência nessas discussões, ao passo que pesquisadores como Leila Ferreira da Silva, Eduardo Viola, Myanna Lahsen e Carlos Milani, entre outros, vêm se destacando nas ciências sociais. É na perspectiva de participar deste diálogo, dos ângulos que realmente mais me são caros e que melhor controlo intelectualmente, ou seja, a teoria social crítica e a sociologia política, que levo este livro ao prelo. Meu intuito é de ajudar a sedimentar conceitualmente certos debates entre nós, almejando ainda uma contribuição inovadora e, em parte, contra a corrente, como o leitor poderá descobrir, sobretudo em sua segunda parte.

Um comentário introdutório à perspectiva intelectual e política que subjaz a esta coletânea pode, assim, ajudar a situar seu possível aporte. Essa perspectiva se funda na produção de uma crítica imanente e ecumênica, ou seja, aberta a diversos pontos de vista críticos à civilização moderna e fincada na necessidade de transformá-la, sem de modo algum, por outro lado, descontar ou descartar suas enormes conquistas, em que pese o que se configura em muitos aspectos como sua unilateralidade e consequências deletérias; a política se encontra em seu centro (Domingues, 2024b). Mais especificamente, o papel da ciência e da tecnologia, que tanto já nos trouxeram, embora não deva ser visto como absoluto ou acriticamente, não deve ser secundarizado. Não haverá saída dessa emergência sem forte recurso a elas.

Além disso, estrategicamente, não devemos opor projetos mais localizados e possivelmente mais radicais que ponham em questão o crescente "consenso da descarbonização" a outros que veem no Estado um agente fundamental na luta contra a mudança climática, sua prevenção e mitigação, nossa adaptação às alterações que sejam irreversíveis e o enfrentamento de seus efeitos disruptivos, evidentemente com a redução drástica da emissão e mesmo a captura dos gases de efeito estufa (acima de tudo CO_2 e metano). Uma perspectiva democrática radical, de fato contrária a qualquer coisa que, por outro lado, se assemelhe ao "populismo" (personalismos já evidentemente fracassados e, sob aquela denominação, a serem tomados como conceito "nativo", para além dos traços geralmente demagógicos do fenômeno), alterações na divisão internacional do trabalho para além da eterna extração de recursos naturais e o redirecionamento do desenvolvimento econômico e social, necessário e em si sem dúvida positivo, com o bloqueio à crescente financeirização da "natureza" e sua futura reversão: estes são processos que podem e devem subjazer a um projeto transformador que enfrente a emergência climática. Abertos a experiências locais e radicais, múltiplas e que podem engajar saberes e métodos ditos mais "tradicionais", eles têm que estar calcados na construção de um "bloco histórico" de grandes maiorias, sem as quais nada se muda, que vise uma nova civilização ("ecossocialista", diriam alguns). Do contrário nem são viáveis politicamente, nem serão suas soluções as mais adequadas, conquanto inovações com frequência surjam em grupos menores e até marginais antes de conquistarem setores mais amplos e até mesmo o conjunto da sociedade.[3] Isso é possível e deve ser perseguido, discursiva e praticamente.

Nessa dimensão, a exemplo de tantas outras, a colossal desigualdade entre os países e sobretudo dentro deles, se mostra recorrentemente desastrosa, com os ricos, e em particular os extremamente ricos, contribuindo muito desproporcionalmente para a mudança climática. Não podemos desconhecer o imperativo de dar respostas a essa ameaça hoje, agora, obviamente, portanto, nos quadros do capitalismo e a partir de complexas coalizões, nacional e internacionalmente. Em parte, porém, trata-se de enfrentar essa brutal desigualdade, que ademais aumentou durante a pandemia do coronavírus/COVID-19, no que impostos nacionais e globais, que sirvam inclusive aos fundos de compensação para mitigação e adaptação, são fundamentais (Chancel; Bothe; Voiturez, 2023). O capitalismo tem uma dinâmica em que a acumulação sem limites e sem outra ética que não a do lucro, bem como a divisão da sociedade em classes, são estruturantes, mas sua regulação política tem assumido configurações diferentes em suas fases evolutivas. Regulá-lo de modo a combater a emergência climática é urgente, o que não implica descartar transformações mais profundas e de longo prazo da vida social. Infelizmente, apesar de seus avanços, a COP28 deixou sobretudo a desigualdade intocada. A questão segue, portanto, pendente.

---

3. Ver, em particular, com ângulos bastante distintos, quase ou talvez mesmo opostos, mas também em parte com diferenças em relação às posições aqui apresentadas, Bringel e Svampa (2022), Mouffe (2022). Vale observar ainda que, enquanto a ideia de "sustentabilidade" mantém boa visibilidade e avaliação positiva, o conceito de "desenvolvimento sustentável" se desgastou ao ser traído ou ver-se limitado na prática (Domingues, 2007, cap. 5). Entretanto, não há como desconsiderá-lo na medida em que seus dois instáveis componentes são igualmente relevantes. Os diversos "*green new deals*", implícita ou explicitamente, de modo consciente ou não, o incorporam. Por exemplo, Young (2023).

Antes de seguir adiante vale, contudo, notar que a ideia do Antropoceno como uma nova era geológica, categoria que de uma forma ou de outra utilizo nos diferentes capítulos deste livro, foi recusada de maneira formal pelos geólogos. Assim, o Antropoceno se caracteriza tão-somente como um "evento" importante (Witze, 2024; Lewis; Maslin, 2015; Gibbard *et al.*, 2021; Head *et al.*, 2022; Walker *et al.*, 2023).[4] A discussão decerto seguirá, furiosamente até, incluindo datação. A definição do Antropoceno como era ou evento implica sua datação da Revolução Industrial, seguida pelo uso intensivo do carvão e pela máquina a vapor, ou da Grande Aceleração que tem lugar nos anos 1950, quando certas tendências se intensificam. Para alguns, inclusive, sua localização inicial estatigráfica — recente

4. Observe-se que vários desses *papers* reúnem numerosos autores, por isso o "*et al.*". São verdadeiras mobilizações para o conflito. William Ruddiman (2007; 2010; 2013) é um autor central nessa visão e datação alternativas (e nesse debate específico). Esse climatologista apresenta inclusive a hipótese de que o aquecimento da terra pela própria espécie humana – antropogenético – evitou uma nova glaciação. Os humanos necessitavam, segundo ele e seus coautores, de superfícies muito maiores para a agricultura e o pastoreio, e as devastavam, com frequência utilizando-se do fogo, além de queimar carvão e madeira. Agricultura em larga escala e pastoreio se generalizaram nos últimos 10 mil anos, com grande emissão de gás carbono e metano. Períodos longos de pandemia, como a da peste bubônica, teriam diminuído essas emissões. Seja como for, haveria uma mudança qualitativa, com o advento da Revolução Industrial, embora ele tenha predito um inevitável declínio dos combustíveis fosseis e avaliado seu impacto na atmosfera como não tão relevante no longo prazo, além de pôr limites mais severos ao que o conhecimento cientifico pode alcançar. Se o que Ruddiman sugere chamar de "Antropoceno inicial" (*early Anthropocene*) teria produzido o dobro de aquecimento que a indústria provocou, fundamentalmente impedindo a glaciação que se armava, o processo desde que esta emergiu e os combustíveis fosseis atingiram novos níveis de emissão teria sido explosivo. Ruddiman tende, porém, a evidenciar certo ceticismo quanto à possibilidade não só de definir o que ocorrerá no futuro, mas igualmente o que ocorre no presente; sobretudo, problematicamente minimiza, ou minimizava, o problema dos combustíveis fosseis e seus efeitos na atmosfera. Suas preocupações com o uso extensivo dos solos e a datação da mudança climática, são, por outro lado, cientificamente legítimos.

— no lago Crawford, em Ontário, Canadá. Outros apontam para a agricultura e o pastoreio como o início do impacto antropogenético maciço sobre o planeta e muito mais antigo, com efeitos cumulativos sobre o planeta e o clima, incluindo o aquecimento global. Essa extensão do antropoceno ao passado põe em questão a própria definição do Holoceno, ainda que formalmente não haja — ainda — alteração dessa classificação.

Não deixa de ser significativo, porém, que as ciências sociais, em geral, sequer mencionem essas discussões e sobretudo as perspectivas alternativas que nelas se apresentam. Essa falta de interesse se verifica sobretudo naquelas abordagens de corte crítico, que por vezes multiplicam novas classificações, problematicamente desprezando a ciência do clima, o que já ocorre com a ideia de Capitaloceno e vai mais longe com sugestões poéticas tais como Thanatoceno ou Chthuluceno, e as antropologias que apostam na virada ontológica e demonstram uma visão romântica dos povos indígenas e, ainda mais consideradas essas questões de conceitualização e datação, certa misantropia. Obviamente, tais abordagens fazem mais claramente pender a balança a favor da definição da responsabilidade pela mudança climática como abarcando toda a espécie humana, desde há muito tempo, sem, portanto, restringi-la ao papel dos burgueses, do capitalismo ou da modernidade, às vezes retratados a partir de traços morais negativos (o que não implica que hoje não haja responsabilidades diferenciadas entre países e dentro deles).

Os textos deste livro passaram ao largo dessa discussão, recolhendo os pontos de vista, mais que hegemônicos, nas ciências sociais, que adotam a ideia de que a mudança climática começa com a Revolução Industrial e o capitalismo, com uma Grande Aceleração nos anos 1950, assim datando o Antropoceno de poucos séculos atrás. Mas enfatizei sempre que a responsabilidade pela mudança climática é da espécie como um todo, desde seus inícios, sem prejuízo de reconhecer que a dinâmica de acumulação do capital e o uso intensivo dos combustíveis fósseis marcam um ponto de virada no que tange a seu impacto sobre o clima e, mais genericamente, o "sistema terra" ou "sistema terrestre" (que analisaremos ao longo deste livro). Mesmo que agricultura e gado se mostrem relevantes em um aquecimento mais antigo do planeta — e hoje também —, a industrialização e o "capitalismo", bem como posteriormente o "socialismo real" (ou, antes, coletivismo autoritário), tiveram profundo e célere impacto nesse processo.

De todo modo, seja o Antropoceno definido como nova era geológica ou evento maior, parece claro que as temperaturas não voltarão ao nível do Holoceno. Trata-se, inevitavelmente, de um novo futuro que anuncia. Se as perspectivas "ecomodernizadoras" baseadas em soluções meramente tecnológicas frente ao Antropoceno devem ser criticadas, e é preciso oferecer alternativas, o cenário do "é-tarde-demais-oceno" é falso e não ajuda politicamente. Como diz o adágio, do limão é preciso fazer uma limonada, neutralizando, porém, seu travo amargo — e assim construir de alguma maneira um "bom Antropoceno", com transições, sobretudo a médio e longo prazo, justas e preferentemente transformadoras, eventualmente com novas relações com a "natureza". Isso, é claro, depende da vontade de indivíduos e de coletividades, bem como de decisões políticas, calcadas em certa medida ao menos na esperança de uma vida melhor. O medo apenas não é uma emoção politicamente muito produtiva, com certeza não em um sentido transformador. Isso não deve levar, em contrapartida, a supor que podemos descartar soluções tecno-científicas de grande sofisticação e complexidade, as quais, sem dúvida, serão necessárias (ver Arias-Maldonado, 2019; White, 2019). Isso deve ser contemplado sem prejuízo de soluções locais múltiplas, uma vez que não há bala de prata para resolver o problema.

Há questões que, talvez, a espécie humana se ponha quando sabe ou é capaz de descobrir como resolvê-las. Outras se apresentam como uma surpresa e até mesmo emergencialmente, caso da mudança climática, que não se imaginava que viesse a ocorrer nem muito menos configurar-se como um problema e emergência com as proporções que veio a assumir. Aprendizado e criatividade são assim urgentes. Se nada garante que respostas adequadas virão, a possibilidade de que se concretizem não deve ser, porém, descartada, o que em certa medida já ocorre hoje, ainda que com alcance muito insuficiente. Trata-se, então, de acelerar nossa reação e aprofundar essas respostas, nas várias direções que podemos discernir, combinando regeneração do meio ambiente e mudança de padrões produtivos e de consumo, bem como o bem-estar das grandes maiorias, única maneira de garantir uma larga coalizão democrática. Essa é a única maneira de sermos capazes de adequadamente enfrentar essa desafiadora situação. Assim, uma visão planetária (Chakrabarty, 2021) — que vá além da espécie humana — poderia ser também justa e eficaz politicamente.

CAPÍTULO 1

DO RISCO À AMEAÇA GLOBAL: CAPACIDADES ESTATAIS E MODERNIDADE EM TEMPOS DE CORONAVÍRUS

Publicado originalmente em *Current Sociology* 70 ([2020] 2022), p. 6-23.

Introdução

Há algumas décadas, Ulrich Beck (1986; 1998 [1999]) desenvolveu o conceito de sociedade de risco, emprestando-lhe posteriormente uma dimensão global. Fenômenos como danos ambientais e disseminação de doenças tiveram destaque, assim como uma série de outras questões (incluindo padrões de casamento e relações trabalhistas). Seu conceito amplo é altamente aplicável ao atual surto de coronavírus e à resultante doença COVID-19. Devido à sua rápida difusão, o coronavírus tornou explícito que vivemos em uma sociedade global intimamente conectada, na qual as taxas de difusão de qualquer coisa — de mercadorias a doenças — são muito elevadas.

Pesquisadores conectaram diretamente a sociedade de risco de Beck às perspectivas e comunicação da Organização Mundial da Saúde (OMS). Comparado com uma abordagem politicamente carregada, orientada para a segurança do Estado, o discurso do risco parece mais neutro, permitindo um novo "quadro global de risco à saúde" e "governança global da saúde" (Abraham, 2009; McInnes; Roemer-Mahler, 2017). O comitê criado pelo Banco Mundial e pela OMS para enfrentar esses desafios — o *Global Preparedness Monitoring Board* (GPMB) —, em seu relatório anual de novembro de 2019, divulgado pouco antes do surto de coronavírus, enfatizou a probabilidade de uma pandemia viral, após repetidos, embora controlados, surtos menores de doenças (SARS, MERS, Ebola). Os governos não estavam, no entanto, se preparando adequadamente, com os riscos largamente ignorados. Embora a OMS tenha elogiado as iniciativas governamentais, ela enfatizou que as Nações Unidas deveriam fortalecer os mecanismos de coordenação e que "os esforços atuais permanecem largamente insuficientes". Um surto atingiria os pobres de forma desproporcional. As instituições financeiras também deveriam, portanto, estar preparadas (GPMB, 2019, pp. 7-15). Além disso, a ruptura econômica imposta por possíveis pandemias há muito era uma preocupação do Banco Mundial (Burns *et al.*, 2006) e de outras entidades (Congress of the United States, 2006), o que de pouco adiantou. Surge então a questão de saber se os estados e as organizações internacionais foram incapazes de enfrentar o problema ou se a falta de interesse político explica a lentidão da resposta. Afinal, até recentemente, isso parecia eleitoralmente sem importância (embora os militares dos Estados Unidos vissem as pandemias como uma ameaça à segurança nacional).

Os otimistas acham que a crise pode trazer resultados positivos, os pessimistas acreditam que as coisas vão piorar: renda básica, assistência médica, solidariedade, maior responsabilidade individual e estatal, investimento estatal e cooperação global, versus vigilância, controle de dados, autoritarismo, xenofobia, nacionalismo e ajustes fiscais para pagar os gastos com saúde e apoiar a economia (Baker, 2020; Schuster, 2020). Discutiremos isso por meio do conceito de capacidades estatais, que são mobilizadas de acordo com as decisões políticas, além da administração especializada e burocrática, com suas orientações políticas subsequentes. Aquelas capacidades sustentam aqueles possíveis resultados, tornando plausíveis, até certo ponto, argumentos divergentes em diferentes países. Antes de abordá-los, precisamos primeiro esclarecer plenamente os conceitos de risco e ameaça, especialmente no que diz respeito às questões de saúde. Em escala tão grande como a que se vê atualmente, risco e ameaça devem, inevitavelmente, ser enfrentados pelas organizações estatais e paraestatais internacionais, que mantêm uma relação tensa entre si. Também serão discutidas as mudanças do neoliberalismo para alguma forma de keynesianismo (não necessariamente declarado), o papel multidimensional do Estado, da política, da burocracia e dos especialistas, bem como a democracia e o autoritarismo, as desigualdades e as políticas sociais se destacaram na crise e se desenvolverão daqui em diante.

Risco, ameaça e pandemias

Há algo trivial a esta altura em trazer à tona a teoria da sociedade de risco global de Beck. Não porque não seja esclarecedora ou porque seja incorreta, apesar de problemas e ambiguidades. Ele era uma espécie de sociólogo visionário e sua teoria relativamente simples, embora bastante vaga, pode nos ajudar a entender a crise atual. Todavia, para torná-la mais do que meramente sensibilizadora, precisamos emprestar-lhe alguma precisão conceitual, bem como relacioná-la com as respostas que surgem da sociedade e, particularmente, do Estado vis-à-vis a pandemia do coronavírus.

Embora o risco não seja necessariamente moderno, em civilizações anteriores ele era, em geral, incalculável. A modernidade o racionalizou — embora ele nem sempre possa ser expresso em porcentagens e matematicamente. Por outro lado, a característica de compressão do espaço-tempo da globalização intensificou o risco, com ameaças em larga escala se estabelecendo muito mais rapidamente. Podemos pensar em risco como uma possibilidade calculável de algo específico nos acontecer — digamos, um trabalhador se ferir ou um navio afundar. Isso permite projeções estatísticas, que incluem os meios financeiros para enfrentar o risco e os danos potenciais que podem resultar de uma situação ou comportamento. De fato, esses exemplos foram utilizados por Ewald (1986) em sua discussão sobre o *État Providence*. O problema é que, embora o próprio Beck (1986; [1998] 1999; 2002) tenha agrupado vários tipos de risco, ele também sugeriu, de forma um tanto incongruente, que esses riscos são em sua maioria desconhecidos — invisíveis. Isso distinguiria, em grande medida, a sociedade de risco de épocas anteriores, incluindo um período moderno anterior ("não-reflexivo"), evidentemente impedindo-nos de racionalizá-lo adequadamente.

Apesar da confusão produzida pela sua profusão de riscos, há algum sentido no argumento de Beck: a imprevisibilidade dos riscos e nossa dificuldade em identificá-los podem dificultar os esforços para calculá-los e racionalizá-los, bem como para desenvolver salvaguardas, embora não devamos levar esse argumento longe demais. Na verdade, as epidemias costumavam ser, até que seus agentes causadores fossem descobertos, em grande parte invisíveis e contabilizadas de forma variável. Isso incluía explicações "religiosas" ou "científicas", por exemplo a ira de Deus ou a teoria dos "miasmas". No entanto, esse não foi o caso da pandemia do coronavírus. Como dito no início, o risco de surto pandêmico era evidente, embora calculá-lo — e suas consequências econômicas — estivesse além de nossas capacidades estatísticas. Isso se deveu em parte ao fato de que o tipo de vírus que poderíamos enfrentar e os danos dele resultantes eram realmente desconhecidos. No entanto, os estados-nação obviamente poderiam ter reforçado a preparação para enfrentar tais riscos. A OMS alertou que os estados não estavam fazendo o suficiente.

Agora já não enfrentamos riscos, somos confrontados com uma *ameaça concreta* e *imediata*: a propagação do novo coronavírus e da doença COVID-19, que custa vidas e perturba a existência coletiva. Se o risco se refere a algo possível ou provável de acontecer, uma ameaça já é uma entidade em movimento, nesse caso uma entidade específica: o coronavírus. Pode infectar qualquer pessoa e proteções específicas, para esse agente agora reconhecido e definido, devem ser desenvolvidas. Uma ameaça, portanto, aparece como um perigo imediato, uma possibilidade concreta de dano, não uma espécie de risco abstrato, virtual. Ameaça concretiza o risco, pode-se dizer[5].

Com essa ameaça muito concreta do coronavírus, podemos testemunhar a repetição de um fenômeno crucial do século XIX. No Ocidente, mas em parte também em outros lugares, os ricos e poderosos perceberam que não podiam escapar dos efeitos das doenças sofridas pelos pobres em seus bairros próprios, atravessados por padrões de vida precários. Eles não podiam isolar as novas classes trabalhadoras de seu próprio ambiente. Eles optaram, portanto, por realizar algumas reformas sociais, incluindo o desenvolvimento de sistemas básicos de infraestrutura (água potável e esgoto) e a introdução de medidas básicas de saúde, como a vacinação (Hochman, 1998; Swaan, 1988). A burocracia do Estado e os "profissionais", ou seja, os especialistas, foram cruciais para isso. Até certo ponto, assistimos a uma reprise dessa situação anterior, com os pobres pagando um preço mais alto, enquanto sua maior exposição retroalimenta, pelo menos em parte, as taxas de infecção dos mais ricos. Os pobres muitas vezes precisam continuar trabalhando e tendem a ter menos acesso aos serviços de saúde, ao passo que os ricos podem ficar em casa e receber tratamento melhor. Além disso, nos países mais pobres, as pessoas têm que se ver com padrões e instalações de saúde de mais baixa qualidade. O isolamento total é impossível: estamos presos uns aos outros dentro dos

5. Prossigo aqui em desacordo com Battistelli e Galantino (2019). Eles veem "riscos" como "efeitos não-intencionais" da "intenção humana positiva", "ameaça" decorrente de agentes "deliberadamente" com a intenção de causar danos. Isso não se aplica a vírus e doenças. Também não podemos distinguir "risco" de "perigo" como se as "decisões" estivessem relacionadas exclusivamente ao primeiro, contra o que dizia Luhmann (2003, pp. 30-38).

países e também em todo o planeta. Os riscos espreitam mesmo quando estão longe de se concretizarem. As ameaças não podem ser totalmente bloqueadas. Medidas inclusivas devem, portanto, ser tomadas nacionalmente. Menos provável é que as regiões pobres recebam recursos dos países ricos, além da ajuda para produzir vacinas e vacinar as populações assim que estiverem disponíveis, embora tenham sido feitas promessas, como veremos a seguir. Também devemos ter em mente as consequências econômicas brutais e generalizadas da pandemia, que certamente afetarão mais os pobres.

Como observou Beck (1986, cap. 1), os riscos são distribuídos de forma desigual. A ameaça do coronavírus deixou claras muitas desigualdades na sociedade global: literalmente, o que Weber ([1921-1922] 1980, pp. 177-180) chamou de "oportunidades de vida" geralmente tem sido diferente em relação a classes sociais, "raças" e grupos étnicos, bem como países, embora a Europa e especialmente as Américas tenham sido até agora, pelo menos relativamente, mais atingidas pela COVID-19 do que os países asiáticos mais pobres e particularmente a África (*The New York Times*, 3 de maio de 2020). No entanto, como os riscos e ameaças podem ser difusos e atingir a todos, impedir que se desenvolvam ou causem muitos danos pode exigir uma agenda mais universalista. Assim aconteceu com o coronavírus, como outrora acontecera com a varíola, diferentemente do que aconteceu, por exemplo, com o menos transmissível Ebola (confinado à África e só agora finalmente controlado). Até o Fundo Monetário Internacional (FMI) (2020) apelou ao desenvolvimento dos sistemas de saúde, em parte como forma de sair da crescente recessão, e um arauto do neoliberalismo, *The Financial Times* (3 de abril de 2020), pediu uma revisão do capitalismo e um novo "contrato social", benéfico para "todos". Isso implica uma intervenção estatal abrangente, um retorno a algum tipo de keynesianismo e políticas sociais. Embora os desdobramentos ainda estejam em aberto, a sustentabilidade ambiental, a renda básica e os impostos sobre a riqueza aparecem no horizonte (ver Schwab, 2020).

Finalmente, precisamos abordar a ambiguidade original no trabalho de Beck (1986; [1998] 1999, cap. 7) com relação a se o risco é uma construção social ou uma questão real, uma vez que ambas as possibilidades surgem em seu trabalho. Pesquisadores tiveram que encontrar uma resposta para isso (para uma visão geral de uma discussão extensa, ver Culpitt, 1999; Strydom, 2002; Zinn, 2010). Além disso, alguns críticos argumentaram que Beck não demonstrou nenhum compromisso consistente com questões empíricas, (ver, porém, Olofsson e Öhman, 2007; sobre questões econômicas e políticas no Leste Asiático, Han, 2020). Podemos assumir uma posição sintética: os riscos são tanto uma construção social quanto uma realidade. Como construção social, os riscos são sempre enquadrados por uma conjunção de ideias oriundas de diferentes campos do conhecimento, ideologias e experiências cotidianas. Frequentemente, embora nem sempre diretamente, eles incluem uma dimensão material. Os riscos fazem parte do nosso imaginário, impactam as instituições e podem se materializar como uma ameaça, como aconteceu com o coronavírus, o que também oferece uma questão empírica sociocientífica. Essa construção também é política. O que se tornará central depende, por conseguinte, de como a vida social e os estados são afetados em todo o mundo e da maneira como cada risco é socialmente enquadrado (McInnes; Roemer-Mahler, 2017). As ameaças, por sua vez, também são parcialmente selecionadas e construídas socialmente, embora seu impacto real e material venha à tona especialmente quando elas são massivas e de grande importância. Riscos e ameaças compartilham o duplo vínculo construção social/realidade.

Essa discussão teórica social geral sobre risco e ameaça aparece de forma muito concreta nos estudos sobre a medicina, e ainda mais precisamente nas epidemias e pandemias. Questões morais estão ligadas à sua interpretação e a correspondentes quadros conceituais ou leigos de interpretação (McMillen, 2016, pp. 3-4). Curiosamente, ela aparece nessa literatura como um misto de construção social e materialidade real: as doenças têm um caráter biológico e socialmente construído, como afirma Rosenberg (2003, pp. 491-492), valendo-se de Temskin. Ele até nota o efeito "dramatúrgico" das pandemias, sem, contudo, negar o seu impacto muito real e os seus ciclos mortais (Rosenberg, 1989; ver também Hammond, 2020, p. 8). A esse respeito, embora o risco de epidemias e pandemias seja um problema, podemos seguir — como fiz acima — tal literatura e definir uma epidemia — e por derivação uma pandemia — como uma "ameaça descontrolada e em expansão" (Hammond, 2020, p. 7). Ambas são, portanto, uma construção social, pelo seu enquadramento, percepção, experiência e fundamentos morais, bem como por seu impacto e derivações. Ao mesmo tempo, são também bastante reais — tão reais que algo precisa ser feito para enfrentá-las.

Muitas doenças, durante muito tempo, não foram vistas como um risco, muito menos uma ameaça para as populações ricas, especialmente no dito "Norte", e por isso não têm sido uma grande preocupação. Ou afetam apenas os pobres nos países ricos. O HIV/AIDS e as novas vertentes da tuberculose exemplificam, respectivamente, estas possibilidades diferentes, mas interligadas (McMillen, 2016, pp. 3-4). Como uma ameaça imediata para todos, o coronavírus provavelmente produzirá uma onda global de medidas para enfrentar os riscos à saúde antes que eles se tornem uma ameaça. Qual agente será responsável por isso? O mercado pode dar conta dessa tarefa? As redes de solidariedade, que surgiram para ajudar pessoas mais velhas ou entre os mais pobres, como nas favelas brasileiras de Paraisópolis e da Rocinha (*O Globo*, 10 de abril de 2020), podem responder a esse chamado? Embora o primeiro tenha sido secundário e o segundo seja um fenômeno notável, é necessária uma entidade mais poderosa e centralizada para preparar para riscos futuros, como agora enfrenta essa ameaça concreta: hoje, só o Estado tem poder suficiente para enfrentar a crise, ao lado de organizações internacionais. Isso é verdade com relação às pandemias, mas vai mais longe, afetando a vida social em geral, principalmente a economia.

Capacidades estatais e epidemias/pandemias

Tenho constantemente me referido, sem uma elaboração aprofundada, ao papel do Estado nesses casos de doenças transmissíveis altamente contagiosas. Vou continuar a fazê-lo agora, mas também no plano global, uma vez que as pandemias são, por definição, fenômenos globais. Um exemplo histórico ilustrará inicialmente a conexão entre tais conceitos gerais e o estudo das pandemias. Será então proposto um construto analítico.

Robert Koch foi um notável fundador da ciência contemporânea das doenças infecciosas. Ele mostrou, em particular, como ocorreram as infecções por cólera, inicialmente com referência ao Egito e à Índia durante as décadas de 1870 e 1880. Embora os britânicos tenham ficado aborrecidos e se recusado a aceitar suas ideias sobre microrganismos e prevenção, ao retornar para casa na Prússia, ele foi celebrado como um herói nacional. Ele defendeu medidas como controle do tráfego fluvial, isolamento dos doentes, abastecimento de água potável, sistemas de esgoto e vigilância permanente das condições sanitárias. Somente o Estado era capaz de assumir tais tarefas e suas ideias atraíram a burocracia prussiana. Elas só foram plenamente reconhecidas, porém, quando um surto brutal de cólera atingiu Hamburgo em 1892. A cidade era governada autonomamente pelo antigo patriciado e não passara por reformas sanitárias. Em contraste, a vizinha Altona, diretamente governada pelo Estado prussiano, foi amplamente poupada. Havia anteriormente implementado as medidas sugeridas por Koch (Hammond, 2020, especialmente pp. 213-214). Ao mesmo tempo, as explicações científicas, e não as morais, prevaleceram, assim como a "necessidade" de uma ação estatal centralizada e racionalizada. Se antes o Estado era central no combate às doenças infecciosas, que não eram bem compreendidas, doravante seu papel moderno racionalizado foi solidificado. Muito claramente, as pandemias e o crescimento do Estado estavam conectados (coisas como quarentenas e vacinação poderiam ser implementadas apenas pelo Estado — McMillen, 2016, p. 5). Isso evidenciava vínculos estreitos com a (racionalizada) "burocratização da doença", incluindo as infecciosas, nos sistemas de saúde e no saneamento em geral (Rosenberg, 2003, p. 500). A construção do Estado moderno foi essencial para esse desdobramento do saneamento público. As capacidades estatais foram tão cruciais nesta fase quanto se provaram desde então, inclusive na presente crise.

Passando agora para o nível analítico, iniciemos com o reconhecimento de que a repetida referência ao neoliberalismo — tanto pela direita quanto pela esquerda — nos deixou parcialmente alheios ao quão poderosos os estados permanecem, ou melhor, o quão mais poderosos eles se tornaram. O conceito de *poder total do Estado* aborda essa questão, integrando conceitos encontrados na sociologia, nomeadamente em Weber, Mann, Tilly, Giddens, Evans e muitos outros. Esse conceito abrangente se divide analiticamente nas *capacidades* dos estados. Diferentemente dos tipos anteriores de Estado, geralmente incapazes de penetrar profundamente na vida social, na modernidade essas capacidades sempre estiveram presentes e têm sido desenvolvidas à medida em que ela progrediu. Elas incluem: (1) tributação (fiscal, a capacidade do Estado de extrair recursos da sociedade); (2) gestão (administrativa, implicando logística, planejamento, alocação de recursos); (3) moldagem (moldar subjetividades, logo, criar identidades e induzir comportamentos); (4) vigilância (implicando a observação regular e controle do comportamento das pessoas e, talvez, do pensamento); (5) coerção (com o uso da força e, em última análise, violência física); (6) materialização (intervenção direta no mundo material, produtivamente ou em termos de moldá-lo, por meio de ação direta ou apoio monetário, portanto, indiretamente). Os estados possuem essas capacidades quer as mobilizem ou não. Por fim, (7) uma meta-capacidade *legal* permite, e até certo ponto exige, o uso da lei para regular todos ou a maior parte do comportamento e das medidas do Estado, por meio do poder legislativo propriamente dito ou por meio de regulamentos derivados do poder executivo central e burocracias de nível inferior. Essas capacidades são projetadas no plano internacional. Quando implementadas através de redes que conectam os estados, bem como estados e organizações internacionais ou entre estados e agentes societais, apesar de tensões ocasionais, tais capacidades são avassaladoras frente aos cidadãos (Domingues, [2019] 2021, cap. 5). Na área da saúde, entidades filantrópicas, como a Fundação Bill & Melinda Gates, sindicatos de médicos ou enfermeiros e corporações são exemplos de agentes societais que formam redes com organizações internacionais estatais e paraestatais.

As capacidades não são neutras e podem ser usadas de acordo com diferentes fins. Considere-se primeiro o que Beck (1986) chamou de "subpolítica". Segundo ele, isso é crucial para a definição de risco e, por extensão, de ameaças, conforme discutido aqui: não há nenhuma verdade suprema supostamente especializada que não seja, embora não exclusivamente, politicamente influenciada e construída, bem como discutida de maneira pública (ou ocultada, nesse caso). Isso certamente inclui questões da saúde. Mas tais decisões políticas envolvem, além disso, o sistema político mais amplo, mais ou menos democrático ou autoritário, embora nenhuma correlação direta entre as medidas tomadas durante a atual crise de coronavírus ou mesmo sua eficácia e o grau de autoritarismo ou democracia que caracteriza diferentes países tenha sido encontrada (pesquisada estatística e preliminarmente por Frey *et al.*, 2020). A implantação de capacidades estatais é, independentemente disso, sempre baseada em escolhas socialmente enraizadas e potencialmente controversas. Quais capacidades serão implantadas agora, com quais objetivos, em que medida?

Mais recentemente, a vigilância e a coerção estavam se tornando cada vez mais primordiais, mas as capacidades ligadas à política social podem agora ter precedência ou pelo menos alcançar paridade por alguns anos. O que isso significa exatamente levará muito tempo para se desdobrar e, por consequência, analisar, mas o que está surgindo é claro: a afirmação da necessidade de sistemas de saúde públicos e coesos — mesmo onde eles não existem, como nos Estados Unidos — e a imposição do interesse público através do Estado até mesmo contra a propriedade privada, se necessário, embora isso decerto possa crescer em parte por meio de empresas privadas. Inegavelmente, políticas focalizadas, baseadas em elegibilidades e não em direitos, típicas do liberalismo social e não da cidadania social propriamente dita, podem prevalecer, como acontece atualmente (Domingues, [2019] 2021). Uma disputa pode irromper a esse respeito, implicando também em moldagem segundo perspectivas neoliberais, ainda que mais brandas.

No que diz respeito à economia, a conjuntura atual obriga inevitavelmente a uma forte intervenção e gastos por parte do Estado, tornando o discurso da austeridade inviável por um tempo difícil de predizer. Ela havia se tornado um dogma absoluto até mesmo na União Europeia (Streeck, 2013), mas está sendo abandonada. Se isso continuará assim quando o pior da crise passar ainda não se sabe, mas por enquanto uma questão verdadeiramente nova se põe na agenda. Somente os EUA aprovaram inicialmente trilhões de dólares para combater o coronavírus, avançando em seguida para US$3 trilhões a mais, embora isso tenha se detido após sua aprovação na Câmara dos Deputados. A União Europeia (depois de complicadas negociações) seguiu com €750 milhões entre concessões e empréstimos, direcionados para a política ambiental e a saúde, bem como ciência e tecnologia. O G7, por sua vez, comprometeu-se a despejar dinheiro na assistência à saúde, tratando do apoio à liquidez e à expansão fiscal em todo o mundo (*The Guardian*, 24 de março de 2020, 27 de maio de 2020 e 21 de julho de 2020; *The New York Times*, 15 de maio de 2020). Além disso, alguns governos têm intervindo para proteger os trabalhadores assalariados e os pobres (o Reino Unido), mesmo sob pressão do Congresso (os Estados Unidos), embora outros tenham tentado colocar o ônus principal sobre seus ombros, via redução ou suspensão de salários. Um gasto emergencial limitado foi relutantemente instituído até mesmo no Brasil, contestado, mas eventualmente apoiado por um governo de extrema-direita, neoliberal e orientado para a austeridade (*O Globo*, 30 de abril de 2020). Outras medidas se seguiram em todos os lugares nos planos nacional e global (*Die Zeit*, 4 de maio de 2020, para a Alemanha; globalmente, *BBC News*, 8 de maio de 2020).

Muito desse discurso estatal foi inicialmente expresso em termos militaristas de emergência nacional (Dingwall, 2020), mas foi suavizado à medida que a crise se desdobrou. Diante da ameaça, a questão da segurança retornou. Embora seu significado original tenha certamente se mantido no segredo das reuniões fechadas e oficiais, é com uma nova roupagem que a "segurança" tem sido apresentada publicamente. Enquanto a coesão do Estado e da sociedade orientava as avaliações anteriores, agora o enquadramento da segurança parece ter se deslocado, através dessas metáforas de guerra, para a defesa da sociedade contra um "inimigo invisível", como os presidentes Emmanuel Macron (*Le Monde*, 18 de março de 2020) e Donald Trump (*The New York Times*, 18 de março de 2020) argumentaram em seus discursos de meados de março de 2020; embora este último logo tenha retornado a visões mais autoritárias e reacionárias quando confrontado com protestos contra o assassinato de George Floyd pela polícia, em uma situação já tensa, em parte devido às desigualdades enviesadas contra negros (e latinos) destacas pela pandemia, incluindo taxas muito mais altas de mortalidade (Alexander, 2020). Claramente não é o Estado que o coronavírus ameaça, mas a sobrevivência de indivíduos e populações desigualmente expostos.

Uma segunda questão se relaciona com o fracasso do nacionalismo em conter a crise. É verdade que fechamentos e controles temporários de fronteiras, cancelamentos de voos e restrições de movimento, sequestro de equipamentos e provocações apontam para o insulamento do Estado nacional. No entanto, o controle adequado da pandemia — seja por meio de vacinação e medicamentos que mitiguem efeitos ou políticas gerais globais, diretamente coordenadas pela OMS ou mais vagamente decorrentes do aprendizado coletivo diante da crise — será necessário. Como isso acontecerá quando o (possivelmente) primeiro surto do coronavírus terminar não está claro, mas será muito estranho se nenhuma maior coordenação ou planos globais para outro surto (deste ou de outros vírus, bactérias etc.) resultar da crise atual. Podemos assim falar de capacidades dos estados a nível global e de capacidades das organizações internacionais, em conjunto com organizações societais (Domingues, [2019] 2021, cap. 7). Isso se relaciona à chamada "governança" ou, na verdade, "regime complexo" da saúde global (Fidler, 2004; Lakoff, 2017).

Cumpre agora detalhar o que significou e pode significar a implantação de capacidades estatais na crise atual. Analisarei, assim, os desenvolvimentos em curso, levantando algumas hipóteses que me parecem plausíveis. Essas distinções analíticas orientarão minha abordagem.

Em relação à tributação, até agora pouco mudou. Esta é uma área que demora a evoluir, mas provavelmente se desenvolverá em breve para atender à emergência atual e aos futuros gastos de orientação keynesiana que estão sendo feitos. Além disso, a tributação é utilizada para estimular indivíduos e coletividades em direções específicas, enquanto os impede ou desestimula a tomar outras. Do Estado liberal ao Estado keynesiano de bem-estar corporativista, a baixa tributação aumentou de forma variável e tendeu a recair especialmente sobre os ricos, embora não necessariamente em todos os países (na verdade, a tributação da renda, em vez da tributação da riqueza, tem sido geralmente adotada). Eventualmente, no entanto, com as reformas impulsionadas pelo FMI e pelo Banco Mundial, a base da fiscalidade, por meio do imposto sobre valor agregado (IVA), se espraiou pela população, deixando em grande parte à classe média arcar com seu ônus. Mudanças limitadas e emergenciais afetaram, nesse momento, principalmente a arrecadação de impostos, que foi, em alguns casos, suspensa. Mas a economia estará em frangalhos assim que a crise de saúde imediata terminar definitivamente e a reconstrução, em escala comparável apenas a uma grande guerra global, se mostre necessária. Os planos de recuperação estão na pauta. A China pode ser um agente relevante, os EUA e a Europa são atores poderosos nesse sentido. O Banco Mundial pode até retomar o papel que desempenhou no século XX como financiador de infraestrutura, embora modificado por novos requisitos. Em todos os lugares, o Estado está intervindo. Discutiremos isso a seguir, mas é evidente que sem aumento de impostos — especialmente dos ricos — é improvável que isso seja alcançado. Os ricos continuam sendo fortes candidatos a uma tributação mais ampla, particularmente porque é de conhecimento comum que eles praticam amplamente evasão fiscal e planejamento tributário. As classes médias e os pobres, por meio de impostos sobre a renda e o consumo, ainda podem ser alvos de aumento de tributação, todavia é duvidoso que terão os meios, num cenário de empobrecimento geral, para enfrentar esta reiteração dos padrões fiscais, sem falar no ressentimento que isso geraria. Evidentemente, embora quase ninguém seja contra gastos agora, já se tem ouvido apelos para "encolher" o Estado assim que a crise terminar (*The Economist*, 2020a).[6] Esses apelos ficarão mais estridentes com o passar do tempo e à medida em que alguma recuperação for alcançada.

A materialização está fadada a ser fortalecida. Isso pode ocorrer diretamente através da ação do Estado, parcerias público-privadas ou todos os tipos de estímulos possíveis, incluindo redução de impostos, apoio financeiro, medidas relativas ao mercado de trabalho etc. Construção de infraestrutura, financiamento de pesquisas e instalações tecnológicas — especialmente relacionadas a possíveis novos surtos infecciosos —, construção e infraestrutura em geral, novas áreas de treinamento especializado: há uma gama quase infinita de atividades nas quais o Estado pode se envolver materialmente, incluindo políticas estratégicas e a geração de demanda agregada keynesiana para tirar a economia da prostração. Em certa medida, isso já está acontecendo na forma

6. Uma maior oligopolização da economia é, no entanto, quase uma certeza (*The Economist*, 2020b), e não podemos excluir a possibilidade de redes problemáticas invadirem o Estado (Klein, 2020).

de hospitais de emergência, da mobilização das forças armadas, da polícia, dos bombeiros e de pessoal médico, bem como a produção de equipamentos médicos. Isso será eventualmente substituído por estratégias e objetivos de materialização mais gerais, talvez compreendendo a prevenção de riscos infecciosos globais — como já apontado, não perseguidos ativamente pela maioria dos países, podendo incluir o fortalecimento da OMS, em termos de instalações de pesquisa e similares, para vacinas e medicamentos. No entanto, isso só acontecerá se houver uma mudança em seu modo de "governança" (ou, mais simplesmente, gestão governamental e estatal, ligadas à gestão e à moldagem enquanto capacidades), do westfaliano para um modelo mais verdadeiramente global. Quem terá acesso ao dinheiro que fluirá do Estado é uma questão aguda — as corporações têm tentado se apropriar da maior parte dos fundos emergenciais.

A política social se destaca aqui: a saúde pública sairá da crise reforçada, em termos de legitimidade e apoio financeiro (como claramente na França — *Le Monde*, 25 de maio de 2020). Haverá, sem dúvida, esforços para reduzir os gastos do Estado nessa área em algum momento. Isso é um tanto improvável, porém, ao menos no curto prazo. Especialmente a ideia de coesão social e solidariedade nacional que tem sido mobilizada tende a bloquear argumentos que enfatizam a pura responsabilidade individual e a austeridade, que fornecem o cerne das perspectivas neoliberais. A menos que uma vacina seja encontrada em breve, existe um risco claro, uma vez superada essa situação de ameaça concreta, de novos surtos que irão demandar mais apoio público para os cuidados de saúde. É questionável, portanto, se as populações aceitariam uma retração nessa área, principalmente no médio prazo. Em particular, tais surtos podem viabilizar uma reconsolidação da ideia de que a saúde é uma responsabilidade coletiva — estatal — e um direito humano, mais universalmente acessível e com uma perspectiva igualitária, em vez de baseados em "equidade" — isso é, concebidos de forma diferenciada, dividindo assim os serviços básicos, com a chamada "cobertura universal" para os pobres e serviços de mercado avançados para os ricos. A primeira se mostrou variavelmente robusta, em especial na Europa após a Segunda Guerra Mundial, impulsionada em parte pela luta de classes[7]. Uma renda cidadã universal básica pode resultar de arranjos improvisados adotados por diferentes países para evitar o colapso da economia, responder ao grito de guerra pela solidariedade nacional e proteger os cidadãos mais vulneráveis (como na Espanha — *El País*, 29 de maio de 2020). Essa mudança de perspectiva pode se espalhar para outras áreas da política social.

A moldagem, portanto, sofrerá mutações nos próximos anos. Já tem sofrido. Enquanto o discurso da responsabilidade individual implicava uma racionalidade individualista empresarial para o curso da vida, dificilmente alcançável para a maioria das pessoas, mas promovida como um objetivo geral, a ideia de solidariedade nacional, pelo menos em parte, elimina isso. Ela reconhece que o infortúnio recai sobre os indivíduos, neste caso coletivamente, embora cada um deles enfrente situações diferentes e também tenha possibilidades distintas de responder a sua situação. Isso não diminui a racionalidade do comportamento individual. O confinamento poderia ser evitado na escala em que foi implementado se todos fossem responsáveis por si e pelos outros. Mas, em certo sentido, isso não desapareceu, em vez disso foi apenas complementado por leis e medidas próprias de quarentena e confinamento. O futuro exigirá padrões semelhantes de responsabilidade, uma vez que o pior tenha passado? Ou o Estado e as pessoas relaxarão? A materialização e a gestão do Estado se fortalecerão e os indivíduos serão poupados? Essas transformações de

---

7. A OMS sustenta uma abordagem universalista, o Banco Mundial mistura perspectivas de equidade, saúde pública e seguro baseado no mercado, tradicionalmente promovendo um sistema de saúde de dois níveis, embora mais recentemente adotando uma retórica mais universalista (Tichenor; Sridhar, 2017). A influência de fundações como a dos Gates e lobbies de assistência médica privada em rede com a OMS e dentro dela não pode ser descartada.

moldagem dependerão do teor e dos objetivos da política social e dos quadros conceituais e políticos gerais emergentes.

Aqui podemos recorrer a Foucault, embora, originalmente, ele tenha intencionalmente minimizado o poder do Estado. Se ele tivesse abordado, por exemplo, a conexão entre a prevenção de doenças infecciosas e o crescimento do Estado, sua abordagem poderia ter sido diferente. De qualquer forma, só mais tarde Foucault (2004) desenvolveu o conceito de "biopolítica" e "governamentalidade" — eventualmente incluindo a gestão das populações. Como já visto, isso envolveu o Estado, evitando o risco de doenças infecciosas e suas ameaças concretas correspondentes, ao fazê-lo buscando recorrer à moldagem, gestão e outras capacidades estatais, bem como ao apostar em especialistas e na burocracia. Isso certamente será fortalecido. A "disciplina", individual, é agora exigida e perdurará por um tempo variável, ligada à sobrevivência coletiva, em contraposição à variante neoliberal individualista-utilitária — que o próprio Foucault estudou —, conquanto sem eliminá-la. Foucault falava de "corpos maleáveis" e Deleuze (1990) se referia a uma "sociedade de controle", mais repressiva para a maioria, mais sedutora e suave para os mais bem posicionados, no caso presente protegidos em lares aconchegantes e bem abastecidos durante as quarentenas e confinamentos. A "norma" era o elo de Foucault entre a biopolítica e sua ideia inicial de "disciplina". É provável que novas "normas" surjam em todo o mundo, talvez em especial no leste da Ásia, como resultado da atual pandemia. Poderíamos esperar que o Estado chinês venha a coibir o problemático comércio de animais selvagens por parte dos camponeses, muitas vezes relacionado ao risco de doenças infecciosas. Isso implicaria uma mudança de "mentalidade" e, em parte, de identidade, pessoal e coletiva, juntamente com repressão. O Estado chinês tem, de fato, imposto "comportamentos civilizados" (o uso máscaras e o vestir-se adequadamente, entre outros, seu não cumprimento implicando multas e sanções na notória "pontuação de crédito social" — *Asia Times*, 26 de abril de 2020). Enquanto isso, a África do Sul proibiu o consumo de álcool, por muito tempo uma questão nacional, durante o "*lockdown*" (Young, 2020). No geral, porém, a responsabilidade individual, ligada à solidariedade social, rege atualmente o discurso global.

A gestão é crucial em tudo isso, como uma capacidade exigida para qualquer empreendimento do Estado. A administração do Estado enquanto tal e da sua intervenção na sociedade, quer de forma mais superficial, como no passado, quer de forma mais profunda, como atualmente, é um elemento básico da própria definição do Estado moderno. A burocracia, a tecnocracia etc., a sustentam. A racionalidade e a racionalização se destacam nesse aspecto. Mais uma vez, quanto mais complexa se torna a sociedade — e menos transparente ela é para o Estado —, mais este tem de recorrer a parcerias e alianças com os agentes societais para identificar áreas de intervenção, formular políticas e implementá-las.

Por diversos fatores, o Estado foi lento, em vários casos, na resposta à crise do coronavírus, mas não necessariamente por falta de capacidade de gestão. De fato, esta última foi prejudicada na China pela censura e pela minimização da gravidade do surto (a vigilância e a repressão foram inicialmente mobilizadas). No entanto, o governo chinês respondeu ampla e vigorosamente depois. Também é verdade que Trump cortou o financiamento da prevenção às pandemias, precisamente em 2019. Além disso, a Europa teve problemas para lidar de maneira articulada com a situação devido à sua constituição incompleta como um corpo unificado, enquanto no leste da Ásia o aprendizado científico e burocrático do surto de SARS-1 em 2003 ajudou muito. Finalmente, os chamados "países em desenvolvimento" geralmente têm tido mais dificuldade para lidar com tais situações. Embora em alguns casos, especialmente em alguns quadrantes da África e da Ásia, as capacidades estatais em geral e em particular a gestão estejam faltando, isso de forma alguma impediu respostas políticas positivas. Em outros, como no Brasil e até nos Estados Unidos, a insanidade política impediu esforços de gestão mais fortes e coordenados. Como isso se dará daqui em diante não está totalmente claro, mas seguirá as mudanças políticas gerais que a pandemia do coronavírus irá engendrar na tributação, materialização, moldagem, vigilância e coerção.

A meta-capacidade legal fornece os meios pelos quais o Estado pode regular formalmente sua intervenção na vida social, incluindo o desdobramento de suas capacidades. Os procedimentos legislativos e a supervisão judiciária, bem como portarias burocráticas superiores e inferiores, as regulam. A tomada de decisão política sustenta tais movimentos (com processos burocráticos e informações e ramificações baseadas em especialistas). Os confinamentos têm base legal, a legislação trabalhista, assim como resgates financeiros e empréstimos, depende de aprovação legislativa. Medidas sanitárias e médicas são enquadradas legalmente, mas na vida cotidiana muitas regras específicas, às vezes *ad hoc*, são promulgadas por agências estatais específicas. Tudo deve ser feito sob um guarda-chuva constitucional, porém muitas vezes são implementadas regras que na verdade não cumprem com os requisitos legais. Esse é especialmente o caso daquelas elaboradas pela polícia, todavia, certamente, não apenas por ela. Os "direitos humanos" podem ser, sem dúvida, atropelados por tais movimentos (OMS, 2020), mesmo que sejam legalmente definidos (sobretudo quando o direito serve ao Estado e não aos cidadãos).

Além do sentido tradicional introduzido anteriormente, "vigilância" tem um significado particular na linguagem epidemiológica global, especialmente na OMS (Fidler, 2004). Refere-se a monitorar de perto as faíscas iniciais de possíveis epidemias, a fim de detê-las. Foi exatamente aqui que a OMS tropeçou na crise do coronavírus. Seguiu a narrativa chinesa até o ponto em que a infecção crescera em Wuhan e na China em geral e já se espalhara globalmente. Isso foi altamente problemático devido à supressão de informações pelo governo chinês, atrasando assim o reconhecimento do contágio entre humanos. O modelo westfaliano mais uma vez nos falhou, deixando claro que os estados-nação ainda têm poder em excesso, apesar de mudanças que ampliaram o papel e a autonomia da OMS, em especial no que diz respeito a seu Regulamento Sanitário Internacional (RSI) estatutário, o qual data dos anos 2000. Afinal, a OMS tem que trabalhar em colaboração com os governos nacionais, evitando confrontá-los. Ela é incapaz até mesmo de usar adequadamente outras fontes de vigilância para definir sua própria posição, é subfinanciada e carece de autoridade. No caso da China, isso se mostrou ainda mais complicado devido ao autoritarismo, à censura e à repressão. Como visto aqui, as organizações paraestatais internacionais nem sempre têm autonomia e não são verdadeiramente projetadas como órgãos globais. A OMS, nascida como uma organização interestatal débil, desenvolveu padrões de funcionamento mais integrados e, em certa medida, coordena os estados, inclusive por meio de regulamentações legais; todavia, não tem musculatura suficiente para trabalhar de forma realmente autônoma (Fidler, 2004, caps. 2-4 e 7).

É verdade que ultimamente a OMS tem oferecido principalmente sua capacidade técnica e especializada aos estados, em vez de usar fontes de informação não governamentais e interferir diretamente em suas políticas, incluindo a atual pandemia. Embora muito otimista sobre o fim do modelo westfaliano após a primeira SARS chinesa na década de 2000, Fidler (2004, 2019; 2020a; 2000b) parece agora, porém, excessivamente pessimista, em relação ao nacionalismo. Se a resposta ao SARS-2 — coronavírus e COVID-19 — foi um fracasso político colossal para a "governança" global da saúde, a 147ª Assembleia da OMS mostrou forte apoio a uma maior integração global, apesar do autoisolamento (provavelmente temporário) dos EUA. Também pediu uma revisão completa da resposta ao surto, incluindo o papel da China (*The Guardian*, 18 de maio de 2020). O que está reservado para essa organização paraestatal ainda está para ser visto, mas é claro que a questão é tanto técnico-científica quanto inevitavelmente política.

A capacidade de gestão da OMS e do RSI será fortalecida diante do horror de tantas mortes e tanta turbulência econômica? Será que, privada da capacidade de tributação direta, receberá o financiamento necessário? No documento citado sobre risco, fica claro que a diretoria da OMS espera que isso ocorra (GPMB, 2019). Provavelmente, acontecerá em parte, mas as mudanças possivelmente não chegarão a constituir plenamente a OMS como um órgão global. Os estados teriam que abrir mão de mais soberania caso isso acontecesse, transferindo capacidade meta-legal ainda mais fortemente para organismos globais, por meio dos quais a OMS poderia vir a exercer uma espécie de supremacia global. Não obstante, é claro que soluções globais são imperativas. Apesar das tentativas iniciais da China de encobrir o problema e da provocativa referência de Trump ao "vírus da China", o nacionalismo não aparece, mesmo retoricamente, como um possível caminho a seguir, exceto no que se refere às proteções necessárias — globalmente coordenadas — e à "segurança" das populações nacionais, conforme já discutido. Nacionalismo e estratégias geopolíticas estreitas, envolvendo confrontos entre a China e os EUA, ainda podem ocorrer, mas os custos serão altos. Os estados-nação podem explicitamente recuperar a força e a política se impor. Entretanto, isso não equivale, ao contrário das expectativas (neo)liberais de um "regime" despolitizado, ao fim da globalização. Significa apenas que as decisões políticas, por meio da diplomacia, se destacarão em um regime renovado de governança da saúde. A OMS é quase inevitavelmente um ator central nessa "governamentalidade" política global da "sociedade de risco" (Brown *et al.*, 2012).

Finalmente, a vigilância e a coerção estão se desenvolvendo rapidamente. "Distanciamento social" e níveis variáveis de confinamento e triagem estão ocorrendo em grande escala, juntamente com ampla vigilância (incluindo acesso a dados médicos pessoais na Coreia do Sul e a medição da temperatura corporal por meio de câmeras ou o rastreamento individual por meio de dados móveis privados na China). Será isso revertido assim que a crise terminar, particularmente no Ocidente e em outras áreas com uma infraestrutura legal liberal mais profundamente arraigada? Dúvidas abundam, exceto em relação à China, onde esse aumento da vigilância dificilmente será removido, facilitando a coerção e a repressão. Embora isso pareça parcialmente justificado em uma emergência, sua sobrevida é incerta. Seja como for, é provável que esteja relacionado a outros desenvolvimentos. Se as políticas sociais prevalecem, a vigilância e a repressão tendem a ser menos severas, embora não haja uma ligação direta entre essas duas direções das capacidades estatais, exceto por um respeito mais geral aos direitos individuais. A capacidade meta-legal, nas suas variadas expressões, continua a ser decisiva para a afirmação desses direitos, bem como para a vigilância e a coerção.

Isso não significa que as mudanças serão idênticas em todos os lugares. Estados liberais dificilmente deixarão de ser liberais. Além disso, esses têm bastante características autoritárias próprias e as populações reagirão contra movimentos autoritários explícitos (embora tenha se intensificado a oligarquização dos sistemas políticos, nacional ou regionalmente, através da influência do dinheiro ou do controle por via burocrática). Também não devemos falar em "estados de exceção" (Agamben, 2020), já que medidas como confinamentos em todo o mundo têm sido vistas por muitos como essenciais para o combate ao vírus, dentro dos parâmetros legais de emergência sanitária, contrariamente à paranoia da extrema-direita. Se isso durar muito tempo, as coisas podem obviamente mudar para pior. Embora governos mais autoritários, como na China, na Hungria e na Polônia, estejam aproveitando a situação para perseguir agendas antidemocráticas, mudanças de longo alcance em geral não estão realmente acontecendo em países mais liberais ou mesmo mais autocráticos como a Turquia e a Rússia. Os maus-tratos aos pobres, como no "*lockdown*" da Índia, simplesmente reproduziram padrões anteriores, remontando aos tempos coloniais (Chakrabarti, 2020). De fato, a divisão democrática/autoritária parece inconsequente para o sucesso ou o fracasso em relação à crise do coronavírus (embora os governos de direita e de extrema-direita tenham com frequência malogrado na administração da crise, exibindo atitudes negacionistas). O que tem importado mais é como as capacidades do Estado são mobilizadas, de acordo com decisões científicas, burocráticas e políticas.

Conclusão

Este capítulo tentou abordar uma questão em curso, um alvo em movimento, a saber, a crise do coronavírus, seus fundamentos empíricos e conceituais no que tanje ao tema da saúde global e suas consequências de longo alcance, sobretudo quanto ao papel do Estado. Argumentei que o risco se tornou uma ameaça concreta e imediata e que isso está exigindo mudanças na forma como o Estado-nação intervém e como a administração global da saúde — em particular no plano político — possivelmente mudará. As capacidades do Estado e o poder total do Estado (e, com eles, os das organizações paraestatais internacionais) orientaram, paralelamente à discussão sobre risco e ameaça, a minha abordagem analítica. É prematuro afirmar inequivocamente o que acontecerá no futuro. Foram sugeridas algumas possibilidades que nos levam a uma direção em alguns aspectos bem diferente da situação em que nos encontramos hoje.

A sociologia pode abordar os desafios conceituais e práticos que enfrentamos atualmente. Para isso, deve, todavia, assumir uma perspectiva crítica ao olhar para o presente e traçar, com um diagnóstico dos tempos, o que se avizinha no futuro. Isso não garante previsões fortes, embora algumas tendências, como as relacionadas ao fortalecimento do Estado, possam ser identificadas (Domingues, 2018, especialmente caps. 1-2). A mudança sempre vem — desta vez com quase um verdadeiro *big bang* —, mas seu resultado estará relacionado com as potencialidades da vida social que existiam antes da crise, incluindo demandas por mais democracia e direitos sociais. Esses resultados não são pré-determinados. Dinâmicas sociais, conflitos e lutas sobre como os governos, os estados e as sociedades lidam com nossa situação atual e as consequências da crise serão, como sempre, inevitáveis. Se desta tragédia se desenvolverá uma perspectiva mais solidária, democrática e responsável — possibilidade muito real, na medida em que o bem-estar das populações e a solidariedade passaram a estar em primeiro plano — ou prevalecerão soluções mesquinhas e autoritárias, ainda se apresenta como uma interrogação. Isso dependerá de como todos nós nos engajamos com a vida política no futuro próximo e no mais distante. A história se encontra em construção.

CAPÍTULO 2

CORONAVÍRUS, PANDEMIA E SUBJETIVIDADE COLETIVA

Publicado originalmente em: JUNIOR, Antonio Carlos Dias; CUNHA, Luiz Gustavo; QUERIDO, Fabio Mascaro. (Org.), *Teoria sociológica crítica e emancipação.* Ensaios em homenagem a Josué Pereira da Silva. Belo Horizonte: Fino Traço, 2023. p. 223-233.

A pandemia

Não é necessário aqui recapitular factualmente a trajetória da pandemia do coronavírus/COVID-19. Ela nos ocupa desde inícios de 2020 de maneira intensa, no cotidiano, na imprensa, na filosofia, nas ciências sociais, na psicologia etc. Os fatos básicos são conhecidos. Em algum momento de 2019 um tipo específico de coronavírus — o SARS-CoV-2 — surgiu na China entre populações humanas, tendo provavelmente aparecido entre morcegos e sendo a nós transmitido por um hospedeiro intermediário, um pangolim, supõe-se. A epidemia eclodiu inicialmente em Wuhan e, dada a alta contagiosidade do vírus, rapidamente se espalhou pelo mundo, levando a inúmeros e graves casos de sua doença associada, a COVID-19, e a muitos óbitos. A compressão do espaço-tempo global contribuiu decisivamente para seu ritmo, avançando sem trégua e velozmente, continente após continente. Configurou-se, então, uma brutal pandemia, à qual os diversos estados e populações buscaram fazer frente de formas variadas.

Não são tantos os estudos sociológicos interessantes sobre o tema, por serem muitas vezes repetitivos, embora mostrem uma notável capacidade de reação da disciplina frente a um fenômeno que se desdobrou em alta velocidade. Em termos de teoria, há pouco. Eu mesmo procurei contribuir para essa sociologia, enfatizando a questão do risco e da resiliência, além de como o Estado e as organizações internacionais mobilizaram suas *capacidades* para enfrentar a crise sanitária que se abateu sobre o mundo (ver o Capítulo 1 deste livro e Domingues, 2022a).

O primeiro fenômeno a destacar no que concerne mais geralmente à pandemia é que se tratou, no que interessa de maneira direta à espécie humana, de uma interação intensa entre um vírus e populações humanas diversas, socialmente organizadas. Mas deve-se notar também, como já observado, que o vírus alcançou a espécie humana a partir de sua geração em uma outra espécie, morcegos, e a mediação de ainda uma outra hospedeira. Além disso, é preciso levar em conta que, se basicamente, noves fora comorbidades devidas às doenças outras específicas e, em particular, elementos geracionais, o coronavírus desta pandemia não é exatamente um, senão vários, isso é, um tipo de vírus que inclui uma série de "variantes", algumas irrelevantes, outras cruciais, que marcaram e em larga medida dirigiram seu desdobramento (Callaway, 2021/2022; Wikipedia, 2022).

As principais variantes são as seguintes: (1) a cepa inicial, que pesquisadores chineses identificaram como L, e, na Europa e nos Estados Unidos, se definiu a partir de dois subtipos, A e B, os quais mutaram para (2) a Alpha, sequenciada em setembro de 2020 e 29% mais contagiosa; (3) a Delta, identificada em outubro de 2020 e 97% mais contagiosa; (4) a Gama, detectada em janeiro de 2021, 38% mais contagiosa; (5) a Beta, identificada no mesmo período e 25% mais contagiosa; (6) e, fechando por ora o ciclo, a Ômicron, sequenciada em novembro de 2021 e a mais contagiosa de todas (provavelmente o dobro da Delta), mas, pela primeira vez, segundo os dados vão mostrando, menos letal, sobretudo em sua interação com as vacinas que, em tempo recorde, universidades e empresas conseguiram desenvolver. Note-se que nem todas estavam presentes em todos os lugares: a Gama, por exemplo, surgida em Manaus, no Brasil, se tornou dominante na cidade do Rio de Janeiro e assim bloqueou a disseminação da Delta nessa capital. Não alcançou, em contrapartida, outros continentes. Por outro lado, tudo indica que a variante Ômicron se tornará dominante em todo o planeta. Em outras palavras, as diversas cepas do vírus competem entre si também: diferentes capacidades de contágio, assim como possivelmente virulência (com a morte ou não dos hospedeiros e igualmente infecções silenciosas), contribuem para o maior ou menor sucesso de cada uma delas.

Unidades e coletividades

Como interpretar a pandemia desde o ponto de vista da teoria sociológica e da teoria social mais amplamente, preenchendo uma lacuna da bibliografia? Uma possibilidade, que nos levaria diretamente à linguagem da biologia, seria adotar o ponto de vista de Dawkins (1976). Ele falava do "gene egoísta" ("replicador"), que se comportaria de forma a maximizar, tal qual um indivíduo concebido nos moldes do utilitarismo e, mais recentemente, do neoliberalismo, suas possibilidades de sobrevivência e transmissão para gerações seguintes (organismos seriam meramente "veículos" para a sobrevivência dos genes). Inserida na tradição liberal radicalizada, essa visão impõe como unidade de análise o gene individual, o qual se comportaria, não se sabe bem como, ademais de forma intencional ao buscar sobreviver no presente e através de seus herdeiros. É verdade que Dawkins depois tentou, sem sentido a meu ver, negar essa intencionalidade: mas se ela não existe, como falar de maximização e comportamentos que visam a replicação, para além do que ocorre simplesmente em função de padrões casualmente disponíveis ou impostos a esses genes ou, mais geral e corretamente, organismos? Para além de se constituir em unidade metodológica, o gene individual egoísta de

Dawkins sofre de um individualismo ontológico ou na verdade de um reducionismo ontológico que se pendura em uma vaga noção individualista e, na realidade, intencionalista — malgrado negativas posteriores e uma sequência de livros que enriqueceram seu ponto de vista (quanto a fenótipos, nichos etc.).

Há pouco afirmei que não estávamos realmente no campo da biologia porquanto os biólogos dificilmente trabalhem com esse tipo de entendimento (ainda que o impacto da obra de Dawkins entre ao menos uma parte deles tenha sido considerável). A evolução depende, segundo a maioria dos biólogos, de como as espécies se adaptam coletivamente ao ambiente e a seus nichos ecológicos, deixando os indivíduos, sem intencionalidade se falamos de todas as espécies salvo em parte a humana, sua prole, mais ou menos numerosa, como herança positiva ou negativa para o futuro de sua espécie (embora por vezes, nem que seja na forma de expressão, os biólogos tendam a confundir função com causa ou falem de estratégias evolutivas). As mutações, aleatórias, seriam darwinianamente selecionadas de acordo com esse maior tamanho da prole e em função de sua maior adaptabilidade em um dado nicho ecológico. Obviamente, sem intencionalidade, os genes não poderiam ser egoístas ou sequer voltados para a maximização em termos de sua replicação e transmissão infinita. Acresce a isso que outros mecanismos, como o equilíbrio pontuado (com mudanças repentinas não derivadas da adaptação) e a existência dos transposons (genes que saltam aleatoriamente dentro dos genomas ou de um genoma para outro, até mesmo de outra espécie) são importantes para a evolução de modo geral, como acentuado por críticos do adaptacionismo radical, sem falar da epigênese que regula a expressão gênica nos fenótipos e pode ser passada como memória que se reitera entre gerações[8].

8. Para uma sofisticada apresentação geral da teoria da evolução em seus diversos aspectos, ver Freire-Maia (1988).

Convém, portanto, dar conta do fenômeno do SARS-CoV-2 e sua pandemia sem recorrer a uma teoria tão marcada por compromissos utilitaristas e (neo)liberais, articulada por pressuposições apriorísticas problemáticas inclusive do ponto de vista da biologia, não obstante as intuições sobre o funcionamento dos genes como tais que pode ter avançado, com pressuposições que de resto são já equivocadas no que tange à análise da vida social. De todo modo, trata-se de dar conta do impacto da causalidade do vírus no que diz respeito a sua unidade mínima — o vírus "individual" ou seu RNA mesmo — e a suas características coletivas. Essas são tanto o SARS-CoV-2 que causa a COVID-19 em sua generalidade, desde que surgiu e incluindo suas diversas variantes, quanto as diversas cepas que se definem pelas diferenças que mantêm umas em relação às outras. Essas características não devem ser vistas, ademais, a partir do erro em que caem tantos cientistas sociais quando, desde Durkheim, as definem como "emergentes". Sem dúvida, a emergência do SARS-CoV-2, em geral a partir da variante L/A-B (ou ainda aquela versão que surgiu entre os morcegos e talvez entre os pangolins), é um fenômeno histórico. Assim como são fenômenos históricos o surgimento das diversas variantes posteriores. Mas não se trata disso, senão de pensar as características — as propriedades ontológicas — do coronavírus que causa a COVID-19 (muitas das quais ele compartilha com outros coronavírus) de um ponto de vista ontológico, ou seja, para falar com Heidegger, do ser de seu "ser". É mister que isso seja entendido, obviamente, para além da metafísica, pois ontologia não se refere aqui a essências, não descartando-se assim variação histórica e destacando-se ademais a interação, constitutiva, desse vírus com outras espécies, cuja ontologia exibe traços com as mesmas características gerais, assim como outros que são distintos.

Não quero aqui investigar os detalhes da constituição do RNA dos coronavírus, incluindo sua capacidade de pendurar-se, com sua coroa, às células e depois invadi-las, logrando assim sua replicação ampliada ao vampirizar as células humanas; nem muito menos em que medida vírus são seres vivos, podendo, portanto, constituírem espécies, uma vez que dependem daquela vampirização para se replicar. Tampouco irei discutir o papel da adaptação, dos transposons ou de outros mecanismos evolutivos, nem muito menos a definição de gene enquanto tal. São problemas que atormentam os biólogos. Parto do princípio, controverso, mas cada vez mais aceito, de que sim, quanto aos dois primeiros aspectos a resposta é positiva; e que, quanto ao terceiro, adaptabilidade ao meio (sobretudo na captura de células humanas onde seu RNA pode se replicar) e a movimentação de transposons são mecanismos relevantes da evolução dos coronavírus, sem que caiba aqui indagar como isso ocorre. O quarto tema será mantido sem recorrer a uma concepção específica, devido a controvérsias na biologia e porque não carecermos resolvê-lo aqui. Sobretudo cumpre notar que essas características ontológicas coletivas são aquilo que distinguem o RNA do coronavírus do RNA de outros vírus, o SARS-CoV-2 de outros coronavírus e, no seio dessa generalidade abrangente, as diversas cepas entre si. São as propriedades simplesmente que os caracterizam ontologicamente (para além de seu surgimento histórico, emergência nesse sentido consistindo em ideia trivial, óbvia).

Por sua vez, o SARS-CoV-2, de modo geral, e suas diversas cepas, em sua particularidade, coletivamente interagem com outras espécies, destacadamente em sua gênese entre morcegos e pangolins, além de, sobretudo, os seres humanos, socialmente organizados. Em certo sentido, não reducionista, o RNA do vírus relaciona-se com o DNA humano, com a mediação dos organismos que em ambos os casos se formam por meio deles (embora genes — ou genótipos mais amplamente — em si não sejam capazes simplesmente e em todos os casos de gerar fenótipos ou constituir indivíduos e espécies, carecendo ser ativados de alguma maneira). Isso se dá concomitantemente aos choques internos à coletividade mais abrangente que ontologicamente se constitui como SARS-CoV-2, com as diversas cepas se influenciando, deslocando, superpondo etc. (por competição ecológica não intencional, não por luta ou conflito, que envolveria ataques mútuos, ao menos em parte, intencionais). Assim, a variante Gama chegou antes que a Delta ao Rio de Janeiro e roubou-lhe possibilidades de reprodução, ao passo que a Ômicron parece ser capaz, na combinação entre mais transmissibilidade e menos letalidade ou inclusive gravidade, de excluir ecologicamente outras variantes. Oxalá não apareça outra variante, mais dominante em seu impacto causal não intencional, que complique e estenda essa pandemia, com mais sofrimento, gerando uma situação na qual outros problemas prementes acabam ficando em planos secundários.

Essa evolução do SARS-CoV-19 e de suas cepas, com seus respectivos RNAs, se realiza além do mais, ao entretecer-se com a espécie humana, sobredeterminada pelas características reflexivas e sociais desta, elementos fundamentais de sua determinação ontológica. Por reflexiva quero referir-me à capacidade de pensar, de projetar, de atuar intencionalmente. Isso é verdade tanto individual quanto coletivamente, embora nada diga, afora um apriorismo calcado em ideologia e juízos de valor, que se trate sempre de egoísmo ou utilitarismo maximizador, embora por vezes isso ocorra, sobretudo hoje, nos quadros de uma organização fortemente (neo)liberal da vida social. Tampouco quero com isso afirmar que a sobrevivência individual e coletiva não esteja intencionalmente em questão, conquanto, mais uma vez, dizer que a intencionalidade aí responde diretamente à necessidade de reprodução da espécie, para além das vidas colocadas hoje em jogo pela pandemia, seja levar o argumento longe demais (se fosse assim tão direta a relação entre sobrevivência e evolução, a questão climática talvez já tivesse recebido tratamento mais incisivo — esperemos que ela venha nesse sentido a pôr mais claramente esta relação).

Políticas públicas calcadas nas capacidades estatais foram implementadas durante a atual pandemia. O receituário sugerido pelos epidemiologistas e virologistas, entre outros, é conhecido: distanciamento social, redução dos contatos, o que implica redução da atividade social e econômica, vacinação em massa etc. Empresas e famílias se envolveram. A responsabilidade do indivíduo foi em particular requisitada. Além disso, a constituição (ou a "estrutura" — sem reificação, por favor!) das gerações, cuja definição é tanto biológica como social, e suas responsabilidades, foram cruciais nesse processo também, articuladas por políticas estatais, bem como pelos próprios indivíduos. O debate político sobre o que fazer sobre a pandemia — e até mesmo se ela existia ou era apenas uma conspiração global, segundo a extrema-direita — ocupou estados e cidadãos. Como os mais velhos se encontravam mais sob risco, uma vez contraída a COVID-19, os jovens e as crianças tiveram que se abster, solidariamente, de muito do que é comum e requisito, em nossa civilização moderna, das próprias vivências desses estratos geracionais. Em princípio, a interação com o atual coronavírus envolve questões diferentes no que tange a cada um deles (embora ao que parece a Covid longa ou persistente possa afetar igualmente a jovens que tiveram uma infecção pouco intensa e aqueles com comorbidades, nem sempre sabidas, possam ser gravemente afetados). Ou seja, no que diz respeito à espécie humana em sua totalidade, a relação coletiva com o SARS-CoV-2 em sua generalidade e com suas cepas particulares (assim como entre RNAs e DNAs, o que gera a enfermidade COVID-19, talvez inclusive ativando transposons nos seres humanos), é também em si heterogênea (sem falar de características genéticas de indivíduos da espécie humana que os fazem mais propensos ou não a adoecer de COVID-19).

Ademais, é preciso somar a essas duas clivagens aquela que divide as coletividades dos vacinados da dos não vacinados, que tem consequências relevantes para evolução da pandemia. Evidentemente, as desigualdades sociais, de classe, raciais, étnicas e por vezes de gênero são também cruciais para entender a evolução da interação entre o vírus e a espécie humana. Mesmo o poder político diferenciado define muitas vezes quem segue regras ou não, como aprendemos em particular durante períodos de confinamento. Enfim, a desigualdade internacional na distribuição da vacina e na imunização contra o vírus — com as iniquidades e também os problemas daí decorrentes

— compõe outro traço crucial do cenário da pandemia, sem falar dos caros medicamentos que vão paulatinamente sendo disponibilizados no mercado. Em todos esses casos, trata-se da relação entre subcoletividades diversas, cada qual com suas propriedades ontológicas distintas, sem prejuízo do que têm em comum como espécies (se é que, lembremos, os vírus coletivamente constituem espécies).

Some-se a isso que a maioria dos especialistas vislumbra uma modificação em particular do vírus SARS-CoV-19 (de seu RNA) que eventualmente o faria, talvez, ainda mais transmissível e ao mesmo tempo mais suave, como um resfriado (numa seleção natural de tipo darwiniana em contato com seu nicho ecológico fundamental, seja lá como for que esse novo RNA surgiu). Como modificação na espécie humana, isso por outro lado envolve proteção por infecção natural e/ou pela vacinação, com uma modificação sutil, porém significativa no sistema imunológico dos indivíduos da espécie (sem, ao que parece, de todo modo lamarckismo, isso é, transmissão de caracteres adquiridos). O Ômicron já se insere nesse registro. Assim, por exemplo, no que se refere amiúde aos vírus em geral e ao atualmente ainda virulento coronavírus em particular, tem-se com frequência a eventual passagem de uma situação pandêmica ou epidêmica, com suas sucessivas ondas de infecção, para uma endêmica, com surtos periódicos, uma vez que sua eliminação total parece impossível. Quanto à pandemia do SARS-CoV-19, como já observado, que se propagou em um ritmo extremamente veloz, com diversas ondas após certos períodos de alguma calmaria, teríamos então, no processo de passagem da epidemia à endemia, uma distribuição homogênea ao fim e ao cabo ou, mais no curto/médio prazo, heterogênea globalmente, o que é provável.

Isso dependerá da abrangência e da qualidade da vacinação e também da escala das infecções naturais, assim como, em alguns lugares, da tentativa, ao que parece vã com o Ômicron, de inteiramente suprimi-lo (ao contrário do que parece crer, ou não tem a esta altura outra alternativa, sobretudo o governo chinês). A propagação do vírus e seu alcance, em especial suas diversas variantes, ocorreria com ritmos ainda mais diferentes entre países e regiões, a despeito da compressão espaço-temporal global. Ou seja, estão aqui em questão as diversas configurações espaço-temporais da interação entre o atual coronavírus e a espécie humana e os ritmos em que se moldam e evoluem como processos sociais-naturais.

Trazendo a questão para um plano conceitual mais geral, o que vemos é a relação entre diversas coletividades, algumas naturais — materiais talvez devêssemos dizer —, com destaque para o SARS-CoV-2, e uma outra, a espécie humana, que constitui o que se deve propriamente conceber ontologicamente como uma subjetividade coletiva, a qual também possui propriedades materiais, a começar por nosso corpo, mas indo além, abarcando toda nossa intervenção, muito ampla, na "natureza" e sua transformação (Domingues, 1995; 1999, caps. 1-2). A constituição da espécie humana como subjetividade coletiva propriamente dita inclui ainda, crucialmente, a construção de um imaginário, simbólico, atravessado pela cognição, valores e comportamentos expressivos-estéticos; a capacidade de pensar, ou seja, a reflexividade, e a intencionalidade, secundada por inevitáveis consequências não intencionais da ação, parcialmente compartilhada com grande número de espécies de animais, mas não possuída por nenhum vírus (nem muito menos RNAs e DNAs). Isso se contrapõe ao que afirma a confusa teoria de Latour (2001) sobre os "actantes", todos eles, inclusive os vírus, segundo ele até certo ponto detentores de capacidade de ação intencional.

Vemos, portanto, na alternativa teórica aqui proposta, diversas causalidades coletivas que afetam umas às outras, sem que se possa dizer que todas se definem a partir da subjetivação. Mais ainda, a unidade de análise é assim a interação entre as coletividades, com seu impacto causal coletivo, esteja ou não o componente subjetivo avançado presente ou não, ainda que não se deva desprezar, em certas análises, a interação entre indivíduos e mesmo aquela que ocorre entre RNAs e RNAs, DNAs e DNAs e RNAs e DNAs, que se movimentam ademais coletivamente, é claro, mediada que é aquela pela interação entre organismos e coletividades, que não são meros agregados de genes individuais. Os ritmos em que tais processos se desdobram, cujas velocidades têm de ser ademais consideradas, acoplados a uma configuração espacial que incorpora o tempo como uma quarta dimensão, ou seja, o espaço-tempo social, é outro componente dos processos interativos.

A modernidade abraçou de maneira muito modificada a definição de causalidade de Aristóteles. Essa incluía as causalidades eficiente, teleológica, formal e material (Aristóteles, 1930; 194b; 195a/b). As duas primeiras acabaram fundidas e adquirindo cunho individualista e intencionalista (Hage; Meeker, 1988). Marx foi quem, após o fim da escolástica aristotélica medieval, recuperou a desaparecida causalidade material, à sua maneira, genialmente, com seu materialismo histórico, sem, como de hábito, discutir explicitamente o tema, com a formal ao que parece definitivamente obliterada ou reposicionada na ideia de reprodução da totalidade social sem perda de seus parâmetros fundamentais.

Cumpre realmente reformular tanto a concepção aristotélica da causalidade quanto a tradicional moderna, dar ênfase ao aspecto material, sem cair porém em antropomorfismos confusos, em que por exemplo os coronavírus, seja na versão de Dawkins ou na de Latour, apareceriam com intencionalidade. Nem cabe pensar as redes sociotécnicas (Callon, 2006), que de fato se vinculam à emergência, expansão e combate ao SARS-CoV-2, sem levar em conta as diferenças que existem entre os diversos tipos de coletividades envolvidas e dentro dessas múltiplas redes no que concerne à causalidade, bem como de modo mais geral, teórica e metodologicamente. Ao contrário, a César o que é de César, a cada espécie e coletividade o que lhe corresponde por suas propriedades ontológicas específicas. Todos os exemplares individuais, de qualquer categoria existente de forma inerte ou animada no mundo, tanto quanto sua expressão coletiva, incluem uma dimensão material, assim como espaço-temporal social, que se constitui sobre uma dimensão diretamente material no que diz respeito ao espaço-tempo.

Todavia, somente nas coletividades humanas encontramos uma dimensão simbólico-hermenêutica, a qual se articula de forma direta à questão do poder. Outros vírus afetam outros tipos de população, seja do reino vegetal, seja do animal. Somente através da participação dos seres humanos, quando há, essas situações incluem plenamente essa dimensão especifica simbólico-hermenêutica. Esse é o caso, por exemplo, da raiva e da febre aftosa, a primeira afetando a espécie humana diretamente ao gerar uma terrível enfermidade, a segunda se abatendo sobretudo sobre bovinos, mas também suínos e ovinos. A concentração dessas espécies em vastos rebanhos confinados contribui para a disseminação da febre e sua eclosão tem graves consequências econômicas. Outras espécies do reino animal, apenas bastante parcialmente, compartilham, portanto, com o *homo sapiens* estas duas últimas dimensões. São elas que permitem ações e movimentos intencionais, juntamente com, amiúde, suas consequências não intencionais, nesse mundo compartilhado em que a subjetividade humana é apenas um elemento distintivo de uma mais ampla interdependência. Ela nos traz, por sua vez, a demanda de sentido pelo que fazemos e uma responsabilidade ampliada. Mesmo a geração das proles que garantem a reprodução das espécies (e dos genes como "replicadores", se se quer) não visa enquanto tal reproduzir a espécie, afora o que ocorre na espécie humana, com sua perspectiva de futuro. Se ocorre de modo parcial em animais, até onde se sabe, este deve ser o caso simplesmente porque quando mães e por vezes pais não defendem seus rebentos tal espécie não se reproduz. No caso dos vírus, o processo parece ainda mais automático, não descansando sequer sobre mecanismos instintivos, presentes em animais e inclusive nos seres humanos, seja lá como for que isso ocorra no seio do reino vegetal e em outros.

Palavras finais

O tipo de conceitualização e raciocínio aqui exposto fornece algumas aberturas conceituais relevantes para pôr a questão da pandemia atual em um plano teórico elevado e geral, carência no debate sociológico e mais genericamente das humanidades nesse momento. Aplica-se com certeza a outras epidemias e pandemias, bem como a configurações virais endêmicas, que ocorrem desde tempos imemoriais (McMillen, 2916; Scott, 2017; Hammond, 2020) e decerto ocorrerão, para nossa desgraça como espécie, no futuro. Serve outrossim para dar conta em geral das relações da espécie humana com a "natureza" (a qual oferece uma forma datada historicamente, isso é, pertencente à civilização moderna, de lidar imaginária, porém também praticamente, imbricada com uma metafísica logocêntrica, com a plural materialidade do mundo).

Esse tipo de abordagem pode nos ajudar a teorizar e enfrentar ademais outras questões, dentre as quais as mais premente é, com certeza, a mudança climática, a qual se origina no exercício da causalidade coletiva da espécie humana sobre o "sistema terra", em larga medida gerando consequências não intencionais, mas nem por isso menos graves (como veremos nos próximos capítulos). Isso não implica, evidentemente, deixar de lado aquelas questões que, mais diretamente atinentes às diferenças internas à nossa própria espécie, se impõem com igual força e urgência. Em ambos os casos, trata-se de recorrer à intencionalidade e, juntamente com ela, à responsabilidade que esse tipo de construção das coletividades, com um grau de subjetivação que é exclusivo da humanidade, nos põe. Não é fácil, vemos que até mesmo o imperativo de vacinar toda a população mundial, a totalidade da espécie, patina nos egoísmos nacionais — que aliás em nada ajudam, ao contrário do que supusesse Dawkins, para a sobrevivência e reprodução de nossa espécie. Isso não quer dizer que se trate de uma batalha perdida, nem que esse imperativo deixe de se colocar. De todo modo, creio que ajuda estar de posse de uma abordagem teórica que clarifique e precise o que subjaz a essa situação e ao chamado que ela nos lança. Evidentemente, esta deveria ser uma lição a ser aprendida com a pandemia.

CAPÍTULO 3

O BRASIL DIANTE DA COVID-19: TRAGÉDIA E ESCOLHAS POLÍTICAS

Uma versão inicial deste capítulo apareceu como *Working Papers*, COVID-19, *States and Societies Series, South Africa*, PARI, 2020 (**https://pari.org.za/COVID-19-states-and-societies-brazil/**). Em seguida, estendido ele foi publicado em *Environment: Science and Policy for Sustainable Development* 62 (2021), p. 4-14. Uma versão ligeiramente diferente foi incluída em Federica Duca e Sarah Meny-Gibert (orgs.), *Social Contracts around the World through the COVID-19 Pandemic: Rapid Test* (Nova York e Londres: Routledge, 2023), p. 137-152. Recolho alguns acréscimos desta versão aqui. Obviamente, muita água correu por debaixo da ponte posteriormente – mas o capítulo é testemunho de um momento muito duro na história do Brasil; atualizá-lo para hoje envolveria escrever outro texto. Em função da utilização desta última versão em algumas passagens, passei a narrar os acontecimentos localizando-os no passado. Cortei de todo modo quase toda a última parte de ambas as versões do capítulo que, naqueles contextos, adequadamente tratavam dos desdobramentos da conjuntura, questão a qual não carece tratar em detalhes aqui.

A crise da COVID-19, as respostas ao redor do mundo e o Brasil

A crise provocada pela pandemia do coronavírus/COVID-19 afetou todos os cantos do planeta, desde o menor Estado-nação às maiores economias. E, embora os fatos do vírus e os vários tratamentos e ferramentas usados para combatê-lo não mudassem para além das fronteiras internacionais, a resposta de cada país difere com base em sua cultura, liderança e atitude específicas em relação à responsabilidade individual e ao bem comum. A China, de uma forma extremamente autoritária, e a Europa, de uma forma mais democrática e liberal, ambas montaram respostas bastante eficazes, embora esta última tenha enfrentado uma segunda onda na data desta publicação. A história foi diferente nas Américas, onde muitos estados-nação careciam de recursos para responder à crise. Nos maiores países desse continente, a situação beirou o desastroso. O Brasil ofereceu um caso de estudo particularmente chocante sobre como lideranças podem afetar o curso de uma pandemia e como a resposta de um país pode abrir caminho para sucesso ou fracasso no novo mundo que emergirá na era pós-COVID-19.

A crise da COVID-19 rolou como um tsunami sobre todo o planeta. Os impactos que ela produz são múltiplos e cada país é afetado de diferentes formas e em diferentes graus, com respostas nacionais igualmente variadas. As organizações internacionais e os estados-nação estavam bastante cientes do risco muito elevado de uma pandemia devastadora. A OMS alertou em particular sobre essa possibilidade, ou mesmo probabilidade, mas a preparação não foi realmente levada a sério. Quando o risco de uma pandemia se tornou uma ameaça concreta à vida das pessoas e ao bem-estar das comunidades no início de 2020, restava à OMS e aos estados enfrentar suas consequências brutais, que incluem uma crise sem precedentes para a economia mundial. As respostas às convulsões econômicas levaram a mudanças profundas (ver o Capítulo 1 deste livro, bem como Domingues, 2022a).

Se o coronavírus (SARS-2) e sua doença relacionada (COVID-19) mostraram que somos universalmente vulneráveis (embora de forma irregular e desigual) e provocaram respostas de saúde pública semelhantes em todo o mundo, existem diferenças de longo alcance na maneira como o vírus e a doença foram tratados, apesar do conhecimento epidemiológico comum, do papel de coordenação da OMS e das capacidades estatais semelhantes que foram mobilizadas por todos eles. Bloqueios, quarentenas, "distanciamento social", medicamentos, tratamentos preventivos foram tentados com graus variados de sucesso em todo o mundo, e diferentes países demonstraram seu poder na utilização dessas ferramentas. As respostas diferentes dependeram, em parte, das ações dos indivíduos e de como eles são percebidos em relação ao todo, juntamente com a modulação das noções centrais de liberdade, solidariedade e responsabilidade.

A mobilização das capacidades estatais, que compõem o que pode ser chamado de poder total do Estado, e das organizações paraestatais, que de várias formas os reproduzem, é, nesse sentido, crucial. Isso implicou (consideradas analiticamente, na medida em que, na prática, se confundem) as possibilidades e o poder de tributação; gestão (mobilizando as diversas burocracias de Estado); moldagem (das subjetividades individuais e coletivas); vigilância (da sociedade); coerção (incluindo, mas não apenas, o uso de força física); materialização (comprar, estimular, emprestar, construir, investir em pesquisa científica e tecnológica); a abrangência da meta-capacidade legal, que engloba todas as ações realizadas pelos parlamentos, assim como pelo executivo e seus diversos órgãos burocráticos. A OMS, é claro, participou indiretamente do uso dessas capacidades, embora tenha se concentrado em elementos técnicos em sua atuação nos últimos anos (ver Domingues, [2019] 2021, bem como o Capítulo 1 deste livro; Fidler, 2020).

A forma como indivíduos e comunidades reagiram à crise e projetaram o futuro também foi muito importante. Aqui a ideia de responsabilidade e solidariedade — em relação ao Estado e a cada cidadão — foi crucial. O compromisso social, internalizado, do comportamento individual mostrou-se fundamental, embora o Estado tenha desempenhado (ou não desempenhado) um papel decisivo no estabelecimento de uma disciplina generalizada à qual os comportamentos individuais deveriam corresponder. O que se tem chamado nos últimos anos de a resiliência de cada sociedade diante da vulnerabilidade e do risco dependeu muito de como isso se articulou e de como o Estado moderno é visto, ademais de como se lida com a liberdade, a igualdade, a solidariedade e a responsabilidade[9].

Nesse sentido, houve uma onda de transformações muito importante e relevante desde que a COVID-19 virou nosso mundo de cabeça para baixo, provavelmente durando pelo menos vários anos, com consequências, certamente, de grande monta. Em particular, o neoliberalismo — que já não estava indo muito bem em termos de legitimação social — foi ainda mais enfraquecido pela crise. A defesa da

---

9. Este é o vocabulário padrão das Nações Unidas e organizações afins, que deve ser politizado para que possamos ter uma visão adequada das noções que emprega e como elas são tratadas concretamente. Ver UN/ISDR (2004); Domingues (2022a); e o capítulo 5 deste livro.

vida, a necessidade de recuperar a economia por meio do recurso a uma espécie de keynesianismo de emergência, a evidência flagrante de desigualdades brutais, a necessidade de solidariedade e coesão social — tudo isso exigiu uma nova resposta. Novos propósitos políticos poderiam até configurar uma nova *fase* da modernidade. As implicações normativas não eram claras, mas uma série de consequências poderia ser positiva (por exemplo, em relação à expansão da assistência médica). Era possível que se aprofundasse o liberalismo social, que orienta muitas políticas em todo o mundo, direcionado ao combate à pobreza e aos sistemas de saúde desiguais (com cobertura ampla, mas não universal). De qualquer forma, a COVID-19 abriu espaço político e apresentou novas oportunidades para forças políticas que buscam mudar o mundo em direções emancipatórias.

Podia-se supor que a ciência também emergiria mais forte e com maior legitimidade dessa grave crise sanitária. É claro — em detrimento da negação da extrema-direita ou mesmo de tendências que costumam ser classificadas genericamente como "populistas" —, que somente o conhecimento científico, aliado a escolhas de valores e políticas, poderia nos livrar dos impactos brutais das ameaças que caracterizam a COVID-19 e os riscos de futuras pandemias. Isso pode ser verdade em relação a outros riscos aos quais a humanidade como um todo (embora novamente de forma desigual e com enorme desigualdade) está exposta e vulnerável, como a mudança climática, contra cujo reconhecimento o negacionismo é raivoso também.

China e Europa forneceram respostas que se mostraram bastante eficazes. Essa última apontou claramente na direção de mudanças mais robustas. Nas Américas, por outro lado, a situação mostrou uma fisionomia bastante sinistra. O Uruguai foi um exemplo positivo, tendo logrado uma resposta politicamente integrada e voltada para a defesa da vida, com perspectivas mais solidárias e sistemas de saúde relativamente robustos em comparação com seus vizinhos latino-americanos. O Canadá também teve uma resposta relativamente bem-sucedida. No entanto, as perspectivas em outros países das Américas mostraram-se sombrias. Em alguns, como Argentina, Colômbia e Bolívia, os governos levaram a situação a sério, mas as estruturas de provisão de saúde pública não permitiram que desenvolvessem respostas plenamente adequadas. Confinamentos e quarentenas acabaram sendo as únicas respostas viáveis. O Peru foi muito afetado pela COVID-19, carecendo de instalações básicas de saúde e pessoal.

Mas nos maiores países da região — Estados Unidos, Brasil e México — a situação mostrou-se desastrosa (junto com a Nicarágua, onde um presidente negacionista radical está no poder). Os números absurdos de mortes evidenciaram que todos são países de grande perversidade governamental e social. É inegável a responsabilidade dos governos nas respostas fracassadas desses países, mas o problema reside também numa concepção selvagem de liberdade que parece excessivamente forte (ainda que não exclusiva) neles, onde a violência social e física é generalizada e o neoliberalismo criou profundas raízes. Dessa forma, um número significativo de pessoas proclamava e afirmava a sua individualidade, sobre a qual nenhum controle poderia ser autorizado. A "masculinidade tóxica" desempenhou certo papel aqui: os homens deveriam ser fortes e corajosos e não se importar com problemas de saúde menores, ou mesmo com ameaças de riscos sérios à saúde. Além disso, a população naturalizou as mortes. Essa despreocupação correspondeu e legitimou a irresponsabilidade dos governos desses países frente à COVID-19 e às suas vítimas. A solidariedade de toda a população viu-se assim reduzida, limitada ou mesmo rejeitada, com graves consequências para a autoconsciência e a saúde da sociedade.

O Brasil e a crise sanitária[10]

O Brasil esteve na companhia dos Estados Unidos e México em termos de resposta ao vírus. No entanto, em perspectiva global, o Brasil foi um ponto fora da curva. Seu presidente, o político de extrema direita e ex-capitão do Exército Jair Bolsonaro, tentou imitar o presidente dos Estados Unidos, Donald Trump. Ele se comportou como um negacionista e cometeu os mesmos erros, de forma ainda mais agressiva e insensível. Inicialmente, baseou sua abordagem geral na necessidade de manter a economia aberta e evitar a recessão, assumindo, como ele mesmo disse, que as pessoas morrem de doenças diferentes independentemente da pandemia, que a maioria vai sobreviver ao que ele chamou de "gripezinha" e que, como nas guerras, sempre há baixas. Ele apresentou uma dura mistura de mentalidade militar e darwinismo natural (além de darwinismo social). No entanto, o Brasil é um país grande e nem os governadores dos 26 estados brasileiros e do Distrito Federal (onde fica a capital do Brasil, Brasília), nem a maioria dos prefeitos das cidades do país o seguiram nesse caminho. No fim, a autonomia parcial dos governos estaduais ajudou Bolsonaro, que então conseguiu manter seu discurso sem colher as piores consequências.

---

10. Nesta e nas próximas seções, recorri aos principais *sites* e jornais brasileiros (G1, *O Globo*, *Folha de São Paulo*, *Estado de São Paulo*, *Valor*) para obter informações, bem como a um grande número de revistas e sites independentes consultados diariamente desde o início da crise sanitária, econômica e, no caso do Brasil, também política. Quando Bolsonaro alterou o horário de divulgação dos dados nacionais sobre a COVID-19, a fim de amortecer o impacto do aumento do número de mortes na opinião pública, veículos da grande imprensa criaram um consórcio para coletar, consolidar e divulgar os principais dados relativos à pandemia no país. Veja também os *sites* da Abrasco – Associação Brasileira de Saúde Coletiva (**https://www.abrasco.org.br/site**) e Fiocruz – Fundação Oswaldo Cruz (**https://portal.fiocruz.br**).

Foram muitas as mortes por COVID-19 no Brasil: mais de 80.000 até meados de julho e 100.000 até meados de agosto, passando de 180.000 até o final de 2020, com uma curva epidemiológica que demorou a baixar (com média de mais de 1.000 mortes por dia durante vários meses). Em fins de 2021 já eram mais de 600.000. Como disse Nelson Teich, o segundo ministro da Saúde de Bolsonaro, após sua renúncia, é como se o país estivesse "esperando por um milagre". Mas a situação certamente teria sido muito pior se as autoridades públicas não tivessem adotado muitas das medidas recomendadas pela OMS, e se o Brasil não tivesse um sistema público de saúde quase universal, insuficientemente financiado, mas abrangendo toda a população, o Sistema Único de Saúde (SUS).

O Brasil é um país de grande desigualdade — possivelmente o pior do mundo nesse quesito. Mas tem uma tradição sanitária e epidemiológica forte e centenária (Hochman, 1998; Camargo, 2020). Isso resultou em campanhas de vacinação em larga escala e fundações de pesquisa científica e de saúde poderosas, conceituadas e reconhecidas internacionalmente, a Fundação Fiocruz e o Instituto Butantan. A profissão médica é forte e considerável. Na década de 1980, o chamado "movimento sanitarista", liderado pela esquerda (organizada na época principalmente em torno do Partido Comunista Brasileiro — PCB), criou o SUS (Carvalho, 2013; Tranches de Melo, 2015). Embora não tenha recursos suficientes e os serviços privados de saúde tenham avançado significativamente (Luzuriaga, 2018), o SUS está presente em todo o país, embora menos no interior e nas áreas mais pobres. Desde o início da pandemia, o SUS reforçou a resiliência do Brasil porque teve capacidade de lidar com a rápida disseminação do coronavírus. Infelizmente, a taxa de sobrevida de pacientes com COVID-19 em hospitais privados é maior do que a de pacientes atendidos no SUS e nos "hospitais de campanha" construídos por prefeitos e governadores. Pior ainda, em meio à crise, essa comunidade sanitária foi marginalizada principalmente no âmbito federal, conforme discutido adiante.

O primeiro caso conhecido de coronavírus no Brasil data de 26 de fevereiro de 2020, embora o vírus pareça ter circulado anteriormente. O país atingiu 1 milhão de casos em 16 de junho e 4 milhões em 10 de agosto, embora os números certamente sejam muito maiores, dada a subnotificação generalizada. As autoridades públicas começaram a se mobilizar desde cedo em meio à crescente preocupação com a rápida propagação da pandemia, inicialmente causada por turistas em férias na Europa, ao retornarem ao Brasil e (provavelmente) por aqueles que vieram para o carnaval, que aconteceu no final de fevereiro. A questão de como o país deveria responder à crise tornou-se assunto extremamente polêmico, e o presidente fez o que pôde para atrapalhar (Machado de Freitas; Mefano e Silva; Cunha, 2020).

Bolsonaro trabalhava com Luiz Henrique Mandetta como seu ministro da saúde há pouco mais de um ano quando a crise sanitária começou. Como médico e político de centro-direita do Partido Democrático (DEM) (que não fazia parte formalmente do governo), Mandetta reconheceu a ameaça. Assumiu um papel de destaque, deu grande importância ao SUS e articulou uma resposta junto aos governadores de vários estados, de diferentes vertentes políticas. Já em fevereiro o Congresso Nacional aprovara uma lei de quarentena. Em resposta às terríveis previsões sobre como a COVID-19 afetaria o Brasil, os governadores agiram rapidamente e, em meados de março, a maior parte do país havia entrado em um confinamento parcial, com o fechamento de atividades comerciais e de ensino, bem como do transporte público. O vírus teve um impacto devastador em algumas cidades — principalmente nas capitais dos estados e nas cidades mais pobres, onde os serviços públicos de saúde são escassos. A mais severamente afetada foi Belém do Pará, no norte do Brasil. Mas os estados mais ricos, como São Paulo e Rio de Janeiro, também se tornaram epicentros da COVID-19. Bolsonaro então entrou em conflito com o ministro e os governadores, tentando impedir quarentenas, enquanto recomendava a ineficaz e perigosa cloroquina como tratamento e até ordenava imediatamente que laboratórios do exército a produzissem em grandes quantidades. Entrementes, o Supremo Tribunal Federal (STF) julgou que os governadores poderiam decidir sobre a questão, especialmente sobre qual tipo de atividade econômica era permitida.

Mandetta falava na televisão todos os dias e se tornou muito popular, orientando as pessoas e demonstrando compaixão e preocupação. Em resposta, Bolsonaro destituiu Mandetta em 16 de abril após uma séria confrontação pública. Nelson Teich, também médico ligado à saúde privada e ex-apoiador de Bolsonaro, mas não um político profissional, assumiu o Ministério da Saúde. No entanto, em 16 de maio ele renunciou, depois que Bolsonaro contrariou todas as suas orientações, insistindo na abertura da economia e na cloroquina como cura para a COVID-19. O general Eduardo Pazuello assumiu o cargo de ministro interino. Apesar de ser criticado por seguir na ativa como militar, ele permaneceu no cargo de ministro, para além da interinidade, tendo enchido o ministério com vários outros oficiais do exército, ao mesmo tempo em que desmantelava as políticas públicas de saúde (Bahia, 2020). Muitos especialistas em saúde, que foram fundamentais para a continuidade de projetos de décadas no Ministério da Saúde, deixaram o órgão. Apesar desses muitos desafios, contudo, as previsões mais terríveis relacionadas à COVID-19 no Brasil não se concretizaram. Ainda assim, houve mais de 100.000 mortes em agosto, com muitas mais se concretizando até o final de 2020 e em 2021, verdadeiramente consistindo em um trágico testemunho de má administração. Foi também uma tragédia justamente porque muitas dessas mortes poderiam ter sido evitadas. Mas as ações dos governadores e prefeitos ajudaram a evitar o pior, assim como a resiliência do sistema público de saúde e a medicina privada de alta qualidade.

Os esforços dos prefeitos e governadores foram reforçados pela organização comunitária em alguns bairros pobres, inclusive nas favelas do Rio de Janeiro e de São Paulo. A comunidade de Paraisópolis, nesta última cidade, chegou a contratar médicos e ambulâncias, enquanto a Central de Favelas do Rio de Janeiro articulou uma resposta global (incluindo medidas locais de "isolamento social" para aqueles que adoeciam e campanhas de solidariedade relativas à alimentação). Essas são comunidades particularmente vulneráveis, ainda mais devido à desigualdade social pervasiva no Brasil. Os mais pobres estão mais expostos a doenças contagiosas e outras enfermidades. Eles tinham também menos chance de serem tratados com sucesso e tinham empregos aos quais deviam retornar assim que as restrições sanitárias começassem a ser suspensas; nenhum *home office* estaria disponível para eles, é claro. Embora o SUS tenha sido fundamental no combate à COVID-19, no sistema público de saúde ainda ocorreram muito mais mortes do que no privado, demonstrando as limitações decorrentes de seu subfinanciamento.

As comunidades indígenas no Brasil também foram impactadas pela COVID-19 em todo o país, embora os desafios sejam mais facilmente detectáveis na região amazônica. Assim como o restante da população, a segurança sanitária da comunidade indígena não era levada a sério pelo governo brasileiro. O fato de que eles tendem a viver em áreas onde não existem instalações de saúde adequadas complicaram os esforços para combater a propagação da COVID-19. Até 13 de setembro de 2020, morreram 798 indivíduos pertencentes a 158 grupos indígenas, uma proporção semelhante à de toda a população, embora possa estar subestimada, já que aqueles que vivem em cidades e não necessariamente em contato direto com as comunidades estão negligenciados nesta contagem. Muitas comunidades se fecharam e, como na região do Xingu, contrataram médicos e equipamentos médicos para enfrentar a crise. A solidariedade nacional e internacional também contou[11]. Atendendo à demanda da Articulação dos Povos Indígenas do Brasil (APIB) e de seis partidos de esquerda, o STF (2020) determinou ainda que o governo federal,

---

11. Esses dados são retirados do *site* da APIB (https://apiboficial.org/), https://www.socioambiental.org/pt-br/noticias-socioambientais/xingu-contra-a-COVID-19-de-norte-a-sul-parceirosse-articulam-para-enfrentar-pandemia.

contra sua vontade, deveria estabelecer barreiras sanitárias e reforçar seu plano para conter a disseminação da COVID-19 entre povos indígenas isolados e recentemente contatados. A relutância do governo federal em tomar as medidas cabíveis foi agravada por sua visão específica para a região amazônica e a integração dos povos indígenas à nação brasileira.

Apesar da redução do contágio de Ro 2,81 no final de abril para Ro 0,90 em 15 de setembro (segundo o Imperial College London, 2020/2021, com base em estatísticas brasileiras oficiais) e a queda no número de óbitos na 37ª semana epidemiológica (entre 6 e 12 de setembro), registrando então uma média de 700 óbitos por dia e diminuindo, a crise sanitária da COVID-19 não tinha fim claro à vista no Brasil, possivelmente nem mesmo em termos relativos. Como na Europa, em meados de novembro uma nova onda de infecção começou no Brasil (com Ro novamente acima de 1, que se manteve durante 2021, com os dados do ministério bloqueados em seu site a partir de novembro desse ano, embora tenham voltado a serem publicados em 2022).

Pazuello acabou caindo, mas o estrago estava feito. Ele foi substituído em março de 2021 por Marcelo Queiroga, outro médico de direita, que tentou evitar novas crises e autorizou a vacinação da população. Esta foi uma exigência do *establishment* empresarial e dos novos aliados políticos de Bolsonaro, uma questão que será explorada adiante. Por seu turno, Queiroga não desafiou realmente nenhuma das premissas de Bolsonaro.

A esperança era então de que as vacinas agora em fase final de testes funcionassem e pudessem ser distribuídas rapidamente, já em 2020 ou especialmente em 2021, atenuando esse cenário pessimista. Como os níveis de contaminação e o número de casos continuassem altos, o país se tornou um campo de testes para a eficácia e segurança da vacina. Isso incluiu a vacina Oxford/AstraZeneca, produzida pela Fiocruz, além da chinesa Coronavac, produzida pelo Butantan, e da importação da alemã BioNtech e das variantes da Pfizer, ambas mRNA, ou seja muito avançadas, com a Jansen utilizada em menor escala. Em fins de 2021, basicamente toda a população estava vacinada, com logo uma terceira dose disponível para idosos e imunodeprimidos. Uma confusão marcou as compras das vacinas da BioNtech/Pfizer, que a rigor Bolsonaro não quisera adquirir, descartando ainda significativa quantidade de vacinas que a facilidade COVAX da OMS disponibilizara. A estrutura do SUS sustentou uma distribuição abrangente e eficiente. Mais uma vez, tivemos provas das capacidades do Estado brasileiro e da resiliência do sistema de saúde pública, subfinanciado e com falta de pessoal, que muitos políticos pretendiam enfraquecer ainda mais em apoio ao sistema de saúde privado.

Chama particularmente a atenção o fato de o Brasil ter feito pouquíssimos testes em geral e praticamente não ter realizado o rastreamento de contatos, a dupla via que permitiu o controle parcial da pandemia do coronavírus em outros países. O governo não desempenhou qualquer papel de coordenação — muito pelo contrário. Em vez de ajudar — por exemplo, testando e rastreando cidadãos infectados e buscando impedir que o vírus migrasse dentro do território nacional (Candido *et al.*, 2020) — o governo nacional sistematicamente dificultou e prejudicou os esforços dos outros níveis de governo. Denunciou, jogando para a plateia de extrema-direita, a vacina "chinesa" do Butantan. Até o final de julho de 2020, gastara apenas 29% dos recursos disponibilizados pelo Congresso para o combate à pandemia. Infelizmente, houve ainda muita corrupção na aquisição de equipamentos de emergência, principalmente ventiladores, por parte dos governos estaduais, repetindo o que constitui um problema nacional crônico (principalmente no Rio de Janeiro).

As máscaras tornaram-se obrigatórias em público e, aos poucos, as cidades começaram a se abrir, segundo critérios mais ou menos científicos, baseados apenas em dados aproximados. Não havia, porém, penalidades severas para quem não usasse máscaras nas ruas, e as aglomerações em bares e nas praias se tornaram predominantes. A situação e as mortes se normalizaram, como se isso fosse uma característica básica da vida em um país desigual, violento e bastante individualista. No entanto, a maioria das pessoas continuou assustada e cautelosa, mostrando mais responsabilidade do que o governo federal e dando atenção às recomendações científicas e da imprensa.

Uma Comissão Parlamentar de Inquérito (CPI) do Senado foi criada em março de 2021 para analisar a resposta do governo federal. A CPI confirmou a má gestão da crise. Além disso, identificou crimes e corrupção pura, relacionados especialmente com vacinas no Ministério da Saúde e envolvendo militares de patente média. A CPI recomendou que Bolsonaro e outras 65 pessoas fossem processados por diversos crimes. Nada, porém, ocorreu.

Desafios econômicos

Como em quase todos os países, a situação econômica do Brasil fez-se péssima, embora o produto interno bruto (PIB) não tenha caído tão acentuadamente. Inicialmente, a negação foi a resposta a esse respeito também. O ministro da Economia e Finanças de Bolsonaro, Paulo Guedes, era um neoliberal de direita que trabalhou para o general Pinochet no Chile quando jovem. Sua receita para o Brasil era um aprofundamento das "desregulamentações", privatizações e cortes orçamentários. Em janeiro, antes da crise da saúde, a economia já se contraíra bastante, depois de anos de recessão e crescimento extremamente medíocre. O desemprego ainda era galopante. Com o coronavírus, as previsões econômicas ficaram muito piores. O Fundo Monetário Internacional (FMI) previa uma contração de 9,1% para 2020, com uma recuperação muito limitada em 2021. Guedes insistia que a queda seria de apenas 4,7%, seguida de uma recuperação em V. Se ele resistiu ao keynesianismo de emergência que todos os países abraçaram, Guedes teve, no entanto, de se curvar à realidade e criar tábuas de salvação para empresas (que os bancos, no entanto, retiveram) e governos estaduais. O governo também aprovou a suspensão dos contratos de trabalho e a redução temporária dos salários.

A bancada da esquerda no Congresso Nacional conseguiu aprovar um programa de auxílio emergencial, cujo valor fixou em R$ 600,00-1.200,00 mensais (ou cerca de US$ 150,00-300,00 na época), em vez dos R$ 300,00 que Bolsonaro desejava. Isso atendeu especialmente a um grande número de pessoas empregadas informalmente no país, já que no Brasil a informalidade do setor terciário é enorme. Em conjunto com as medidas de quarentena impostas por governadores e prefeitos, essa ajuda promovida pela esquerda deu força a Bolsonaro, embora ele tenha se tornado prisioneiro dela, inicialmente afirmando de malgrado que o país não conseguiria manter esse nível de ajuda. Na verdade, durante as fases iniciais da crise, o Congresso legislou vigorosamente medidas para a enfrentar (Santos, 2021). Já em 2021, o auxílio emergencial foi reintroduzido, em um patamar bem inferior ao anterior — apenas até R$ 375,00, após ter sido suspenso no final de 2020 —, embora a arrecadação de impostos tenha corrido bem durante a pandemia e não tenha havido problemas mais sérios com a dívida pública. Isto aconteceu apesar da histeria do *establishment* neoliberal ortodoxo, dos meios de comunicação de massa e dos porta-vozes empresariais. A ajuda de emergência permaneceu até que um novo esquema permanente de transferência de renda substituiu o programa social liberal, o Bolsa Família, introduzido durante a presidência do Partido dos Trabalhadores (PT) de Luiz Inácio Lula da Silva. Isso visava os muito pobres e era de natureza clientelista burocrática, não um direito de cidadania.

Se Guedes, na verdade, queria fazer cortes no Bolsa Família, recuou e criou o Renda Brasil, que substituiu aquele auxílio emergencial inicial, mas foi também interrompido, com cortes ainda em outras áreas do governo. A fome fez então um retorno devastador. Em novembro, o Auxílio Brasil, ainda maior que o Bolsa Família, foi votado pelo Congresso, para ser implementado em 2022, ano das eleições presidenciais, pois Bolsonaro passou a crer que ele alavancaria a sua reeleição.

Guedes esperava que as coisas voltassem logo ao normal. Ele era em especial apoiado pelo mercado financeiro, prometendo privatizações e reformas ainda em 2020, a fim de reduzir o crescente déficit público, que, grande o suficiente antes da crise, passou a ser visto como uma ameaça pelos economistas *mainstream*. Mas a maioria de seus projetos não saiu do papel, afora o estabelecimento do sonho neoliberal de um Banco Central independente.

Uma abordagem danosa ao meio ambiente no Brasil

A abordagem de Bolsonaro à pandemia foi particularmente problemática, pois ele incentivou o individualismo e uma espécie de abordagem darwiniana para lidar com a crise. Uma situação particularmente dramática e potencialmente prejudicial surgiu de um confronto entre Bolsonaro e seu então ministro da Justiça, Sérgio Moro, que posteriormente renunciou. Moro acusou o presidente de tentar interferir na Polícia Federal (na verdade para proteger os filhos, que estavam sendo investigados por *fake news* e corrupção, além de possíveis ligações com as milícias paramilitares no Rio de Janeiro). A reunião, que foi gravada e exibida por ordem do STF, revelou o uso excessivo de linguagem grosseira e falta de empenho no combate à pandemia. Na reunião, o ministro do Meio Ambiente, Ricardo Salles, defendeu cinicamente que o governo deveria aproveitar para "passar a boiada", já que ninguém estaria prestando atenção durante a pandemia. Assim, os regulamentos poderiam sofrer mudanças radicais às escondidas para desmantelar ainda mais a legislação e a administração ambiental brasileira, permitindo que atividades atualmente ilegais fossem realizadas. Decretos executivos e cortes orçamentários podem ter implicações de longo alcance nesse sentido (Brazilian Report, 2020).

Há uma mentalidade militar em ação aqui que vê os biomas ricos em biodiversidade do Brasil como espaços que devem ser desenvolvidos, independentemente da profundidade das consequências negativas, incluindo o prejuízo à segurança alimentar e hídrica do país (Lahsen; Bustamante; Dalla-Nora; 2016; Pereira; Ferreira; Ribeiro; Carvalho; Pereira, 2019; Stabile; Guimarães; Silva; Ribeiro; Macedo; Coe; Pinto; Moutinho; Alencar, 2020). Esse tipo de projeto também era comum no período da ditadura. As supostas preocupações de segurança militar também estão em jogo. O extrativismo avançou e, só em 2019, combinado com o fogo controlado, levou ao desmatamento de 1.012 milhões de hectares na Amazônia, segundo o Instituto Nacional de Pesquisas Espaciais (INPE). O governo pôs-se em profundo desacordo com o INPE, órgão governamental (do qual o ex-diretor, o físico Ricardo Galvão, foi demitido em agosto de 2019), enquanto o Ministério do Meio Ambiente buscava a redução das metas de supressão do desmatamento entre 2021 e 2023. Em 2020, áreas da Amazônia, do Cerrado e do Pantanal queimaram, em parte como resultado de incêndios iniciados para limpar vastas áreas. Embora parte desses incêndios possa resultar dos efeitos do La Niña do Pacífico (possivelmente induzidos pela mudança climática e pela redução das chuvas em algumas regiões), em grande parte eles resultam diretamente da ação humana, causados pelas forças interligadas de especulação com terras, criação de gado e cultivo de monocultura. Segundo algumas estimativas, aproximadamente 16% da área total da região do Pantanal, rica em flora e fauna, foi queimada, produzindo uma enorme quantidade de gases de efeito estufa (*Valor*, 2020; Silva, 2020; Reuters, 2020).

Conclusão

Oportunidades são aproveitadas na política, especialmente em tempos de crise. Poderia Bolsonaro ter aproveitado esse momento para se fortalecer e aparecer como o defensor do povo brasileiro contra a COVID-19 e ao menos limitar os danos ambientais? Sim, mas ele optou por não fazê-lo. Teria que ser outra pessoa para poder ter tido outra postura. No entanto, até que as coisas não se desenharam tão desastrosas para ele, que manteve apoio popular e competitividade eleitoral, ao contrário do que seus oponentes esperavam. Não cabe aqui estender-me no desdobramento da conjuntura política. Mas não restam dúvidas de que a resposta à pandemia de Bolsonaro, um fascista que sonhava com o retorno às fases mais brutais da ditadura militar dos anos 1964-1985, lhe trouxe grande prejuízo. Do contrário, dificilmente sua reeleição estivesse ameaçada. Infelizmente isso fala muito do que é o Brasil contemporâneo[12].

---

12. Como sabemos, Bolsonaro perdeu a reeleição, por muito pouco, para Lula da Silva. Discuti vários aspectos disso em Domingues (2021, cap. 1; 2024a, caps. 6 e 12).

CAPÍTULO 4

A DIMENSÃO POLÍTICA DA MODERNIDADE E A INSUPERÁVEL EXTERIORIDADE DA “NATUREZA”

Publicado originalmente em *International Journal of Social Imaginaries* 1 (2022, p. 17-41).

Introdução

Um tema central ao redor do mundo nas últimas décadas tem sido o combate à degradação ambiental da "natureza" e o papel dos movimentos ecológicos. A mudança climática destaca-se nesse cenário, visto que o impacto dos humanos, da sociedade ou do capitalismo, como quer que seja entendido, tem crescido de forma constante e até mesmo devastadora. Consequentemente, tem havido um debate amplo e acalorado nas ciências sociais sobre essas questões. Neste capítulo, investigo como e em que medida a "sociedade" e especialmente a política — ou a *dimensão política da modernidade*, para ser mais preciso — podem teórica e praticamente incorporar a "natureza" para além da descrição e de um espaço conceitual subordinado e neutro, meramente objetificado. Isso significa que a "natureza" não pode superar sua exterioridade radical, permanecendo como uma questão a ser enfrentada pelos sistemas sociais. Antes de prosseguir e desenvolver esses argumentos, gostaria de apresentar uma série de categorias que orientam minha análise, bem como duas breves comparações.

Eu considero a modernidade uma *civilização*, com os seus principais elementos imaginários e institucionais. A sociedade consiste no que é feito pelos seres humanos, especificamente em contraste com a "natureza", que, por sua vez, oferece uma base material para essa construção social, mas dela está isolada. Por sua vez, a natureza passou a ser vista como o universo material circundante no qual a "sociedade" está imersa e os agentes sociais se movem, e acima da qual nós, humanos, supostamente nos elevamos, ou gostaríamos de nos elevar. Em vista de algumas tentativas de superar o que considero ser uma divisão intransponível, argumento que a exterioridade da "natureza" vis-à-vis a "sociedade" (moderna) não é facilmente dissipada. Isso permanece verdade mesmo quando recentemente começamos a nos ver como parte da "natureza".

A dimensão política decorre de um processo específico de diferenciação, como parte integrante do surgimento da modernidade. Desse modo, um ramo da vida social foi definido como aquele em que os humanos tomam decisões a respeito de seus assuntos coletivos, com um imaginário e instituições específicas. Isso não é socialmente universal. Antes do surgimento da modernidade, podemos falar das várias maneiras pelas quais o poder social se apresentava e se organizava em diferentes sistemas sociais, com suas instituições e elementos imaginários variados, bem como da forma como as decisões gerais eram tomadas (Domingues, [2019] 2021). O poder surge e se organiza na modernidade em várias outras dimensões e sistemas sociais, como a economia e, por exemplo, nas relações entre as classes ou entre homens e mulheres, embora estas últimas tenham sido frequentemente negadas ou minimizadas. É nessa dimensão política específica, em princípio e originalmente separada do restante da vida social, que o poder apareceu de forma mais nítida e explícita. O liberalismo, visão de mundo que se tornou hegemônica desde o início da modernidade, moldando seu imaginário e instituições, costumava delinear essa dimensão política — confinada principalmente ao Estado — apenas em relação à aplicação das leis, abstratamente universais, inspiradas, mas não promulgadas, pelos cidadãos, produzidas pelo legislativo e monitoradas em sua eficácia pela polícia e pelo judiciário. Até o poder executivo foi minimizado. No entanto, a dinâmica da vida social logo empurrou para dentro dela os elementos concretos que surgiram em outras partes da vida social, e depois política, com o desenvolvimento e o reconhecimento do lado societal da dimensão política e das questões que ela impulsionou, incluindo as relações de poder. Uma dimensão global — inicialmente vista como sem lei, mas cada vez mais regulada por leis que definem as relações entre os estados — também têm sido constitutiva da dimensão política com ambos os seus lados, o estatal e o societal. Particularmente na dimensão política (ou "o político", como é frequentemente nomeado), a "natureza" apareceu como uma exterioridade e assim permaneceu[13].

Quero agora delinear minha compreensão do imaginário e das instituições (Domingues 1999, cap. 2; [2019] 2021, cap. 1). Considero o imaginário, com inspiração na obra seminal de Castoriadis, como uma teia magmática de símbolos (que podem estar predominantemente ligados a atividades práticas, que são em si simbólicas), formando um tecido social hermenêutico geral. A dimensão política articula um deles. No entanto, o imaginário tem um núcleo de elementos em cada civilização, que, em qualquer caso, apresenta um caráter amplamente, embora parcialmente, flutuante. As instituições devem ser vistas como padrões regulares de comportamento individual e coletivo, formalizados ou não, como geralmente são definidas na teoria sociológica (de Parsons a Giddens e Habermas, por exemplo). É assim que a questão é aqui enquadrada, com a relação entre "natureza", "sociedade" e a dimensão política em particular apresentando tanto ao nível imaginário quanto institucional um alto grau de reiteração de longo prazo. Dito isso, também estou atento às variações no desenvolvimento da civilização moderna (incluindo, à medida em que se desenvolveu, hibridizações

13. Doravante, majoritariamente escreverei natureza – tomada como um conceito historicamente dependente – sem "aspas".

complexas com outras civilizações) e às vertentes críticas em seu interior. Embora o imaginário seja em grande medida fluido, geralmente existem elementos centrais que dificilmente mudam e que, na verdade, são difíceis de mudar, com fortes amarras institucionais, que ajudam a reduzir seu caráter flutuante. Eles marcam e caracterizam profundamente uma civilização. Esse é o caso independentemente das mudanças em seu desenvolvimento e de sua expansão global. Esse núcleo está enraizado em uma cosmologia antropocêntrica poderosa que, apesar de inflexões conceituais, domina a vida social e a interação humana prática com a natureza (Vetlesen, 2019).

Finalmente, apresento agora duas breves comparações. Tomemos primeiro as relações entre humanos e outros animais no "perspectivismo" indígena sul-americano. As relações de poder dentro desses grupos foram primeiro organizadas de forma que não houvesse o que chamamos de "dimensão política". Isso ocorreu porque não havia diferenciação evolutiva suficiente, em uma perspectiva sociológica tradicional, ou em parte, pelo menos, porque essa forma social era simplesmente organizada de maneira distinta. Para as pessoas imersas em tal imaginário, uma vez que diferentes corpos podem ser recipientes de almas semelhantes — quer sejam esses corpos de humanos, macacos ou onças —, o poder deve de alguma forma incluir todas essas criaturas em sua concepção "antropomórfica" abrangente (não obstante a falta de sistematização indígena de seus imaginários)[14]. Isso era o oposto do pensamento europeu, para o qual os corpos humanos podem ser semelhantes, mas o espírito de quem os habitava era claramente diferente nas diferentes sociedades encontradas em todo o planeta (Viveiros de Castro, 2009, caps. 1-4; Clastres, 2013 [1977], pp. 8-9). Considere-se, então, a visão chinesa da ordem cósmica. Os humanos foram incluídos na complexa hierarquia entre o Céu e a Terra (isto é, atravessando o que os ocidentais chamam de "natureza"). O poder era verticalmente baseado em

14. O quão antropocêntrico o antropomorfismo pode ser deve permanecer uma questão em aberto aqui.

humanos pertencentes a ambos, especialmente no que se refere ao Filho do Céu, o Imperador, que mediava entre as duas esferas e garantia a paz na Terra. Novamente, enquanto o poder hierarquicamente disposto era uma característica da vida social, a política como a conhecemos estava ausente entre os chineses (Weber, [1920a] 1988, pp. 299-313; Wang, 2014).

Mesmo na lei natural objetiva "medieval", os seres humanos, embora distintos e superiores aos animais, faziam parte do mundo natural, cujas leis eram universais. Com a modernidade, uma cisão mais nítida se desenvolveu. A constituição de uma vida social plástica, "feita pelo homem", criou uma fronteira em relação à natureza. Embora a natureza humana ocupasse um lugar particular na lei natural objetiva, ainda fazia parte de um todo mais abrangente. Os direitos naturais subjetivos trouxeram a natureza humana para a linha frente e, simultaneamente, a afastaram da natureza de uma forma mais geral, reservando-lhe uma posição objetificada e inteiramente externa. O corpo humano foi ambiguamente colocado entre essas natureza e sociedade, no qual a natureza humana foi inserida de forma ambígua e da qual emergiu a subjetividade, seus vínculos naturais devendo ser, supunha-se, todavia deixados para trás (Bloch, 1961; Meyer, 2001; Chernilo, 2013; Cannavò; Lane Jr, 2014; Domingues, [2019] 2021, caps. 1, 7 e 9)[15]. Onde a fronteira entre a natureza humana e a natureza como um mundo de seres vivos e inanimados deve ser traçada é evidentemente crucial. Isso foi e continua sendo especialmente verdadeiro no que diz respeito à dimensão política, com seu imaginário e instituições específicas, bem como sua lógica interna de desenvolvimento, como veremos a seguir.

---

15. No entanto, mesmo na lei natural objetiva, por exemplo no pensamento de Santo Tomás de Aquino, enquanto todos os seres estão sujeitos à vontade e à legislação de Deus, apenas os homens devem segui-la racionalmente, além da mera determinação exterior. Ver Gierke ([1868] 1900, pp. 1-35) e Murphy (2011). Curiosamente, Strauss (1969 [1953], pp. 90ss) mencionou a distinção entre "*nomos*" e "*physis*" como ligada às origens da filosofia, mas estava exclusivamente interessado na natureza humana (para essas noções gregas, ver Guthrie [1969] 1971, pp. 51ss e 60ss).

A nova visão de direitos, subjetividade e sociedade foi em grande medida sustentada por diferentes formas de racionalismo, com sua confiança na razão desencarnada, que objetifica a natureza e permite um tipo específico de verdade, baseada na "adequação" entre o intelecto humano e a realidade; os humanos poderiam, assim, organizar racionalmente seus assuntos sociais (Heidegger, 1997 [1930]; Toulmin, 1992 [1990]; Chernilo, 2013). A passagem da lei natural objetiva para a subjetiva incluiu a passagem de uma concepção de vida social baseada na lei dada por Deus a todas as criaturas, incluindo os humanos, a uma visão da vida social baseada nos direitos dos indivíduos, que por conta própria elaboraram um acordo para proteger ou criar a liberdade e garantir a propriedade privada. No entanto, se o racionalismo é uma doutrina moderna crucial, o empirismo — que adicionalmente objetifica a natureza a priori e essencialmente — e acima de tudo o Romantismo — que primeiro introduziu o "organicismo" e uma espécie de "vitalismo" como uma alternativa à Ilustração — implicam problemas diferentes, embora relacionados, muitas vezes com uma mistura entre eles. Ao contrário das narrativas reducionistas, argumentos epistemológicos recentes também misturam e alteram as definições de subjetividade e objetividade (Whitehead, 1933; Vetlesen, 2019; 2020)[16].

16. Encontram-se aí variações se e na medida em que o racionalismo incorporou uma noção de substância. Res ("coisa" – *cogitans* e extensa, pensamento e matéria) pode assumir uma forma metafísica a priori no realismo conceitual, mas uma visão mais dinâmica – talvez mecanicista e materialista – pode decorrer desse dualismo, mesmo no que diz respeito à "natureza", como na biologia evolutiva e no darwinismo, que, no entanto, não é atomístico. O mesmo ocorre com as concepções eisensteinianas de espaço-tempo, diferentemente do newtonianismo na física. Os "mecanismos" – na "natureza" e na "sociedade" – podem ser reificados e vistos como produtores de "efeitos", mas os indivíduos enquanto tais podem ser vistos como a "substância" da "sociedade", o que não exclui a sua capacidade de modelar (talvez racionalmente) a vida social. Contra as concepções mecanicistas, a "vida" como tal pode ser vista como uma substância criativa e em evolução. O imaginário da modernidade não é de forma alguma totalmente homogêneo.

Abordagens sociológicas ortodoxas assumiram ou fiaram-se em, até mesmo o estendendo, um cartesianismo derivativo, majoritariamente reproduzindo o problema mente-corpo por meio da divisão entre "sociedade" e "natureza", embora nunca estivessem completamente confinadas a ela. Parsons (1966, cap. 2), por exemplo, definiu a natureza como externa — "físico-orgânica" —, um "ambiente" para os indivíduos humanos, bem como para a sociedade em geral. Sua relação indireta seria mediada pela "economia" e pelo "organismo comportamental". A "adaptação" funcional crescente amplia a liberdade humana (social), ao passo que a política seria a "realização de objetivos", sem conexão direta com a natureza. Baseando-se em parte na teoria dos "três mundos" de Popper ([1967] 1972)[17] — e retomando teorias sociológicas de diferenciação reificadas, envolvendo direcionalidade única e inevitabilidade, com a liberação dos humanos de uma imersão total na sociedade e podendo, portanto, buscar o conhecimento objetivo —, Habermas ([1981] 1988, pp. 72ss e 114ss) move-se em um plano diferente, porém, no fundo, adotando uma estratégia similar: a evolução nos permitiu objetivar o mundo natural. Isso foi baseado na diferenciação da realidade em sociedade vinculada à norma, subjetividade interna e natureza moldada pela experiência — o que implica referência a estados de coisas puros. A "racionalidade instrumental" repousa nessa diferenciação. Muito do que encontramos nas ciências sociais retoma essas tradições, mais frequentemente de forma implícita.

Evidentemente, estabelecer limites e rupturas claras é mais fácil de argumentar abstratamente do que realizar. A natureza, que a esta altura obviamente precisamos entender como uma construção social (Eder, 1996) e que podemos, inversamente, identificar provisoriamente como materialidade irredutível à construção social, tem invadido

17. Habermas alterou a teoria de Popper, que apresentava objetos físicos e biológicos, objetos e eventos mentais e, finalmente, "conhecimento objetivo" (produtos do pensamento), diferenciando e dando mais peso às normas sociais. O conhecimento implica assim correção normativa, veracidade e verdade, correspondendo, respectivamente, à sociedade, à subjetividade e à natureza.

regularmente a vida social, em particular a dimensão política. Ainda assim, ela não pode ser devidamente incorporada porquanto a modernidade tenha sido construída sobre essa divisão, em certa medida abrangendo nosso próprio corpo, com interpretações inúmeras e às vezes opostas. Mesmo que haja tensões e a modernidade permaneça um projeto necessariamente incompleto, isso não significa que nunca fomos modernos ou que soluções fantasiosas estejam à mão. A condição moderna está impregnada dessas tensões, bem como marcada por barreiras entre a "natureza" e a "sociedade", especialmente no que diz respeito à dimensão política. Enquanto se trata de uma construção social, está enraizada numa dimensão material e institucional que não se reduz a elementos simbólico-imaginários; no entanto, embora certamente não seja eterna, não é facilmente alterável.

A seguir, desenvolvo essa relação e fissura entre a dimensão política moderna e a natureza em termos imaginários e institucionais. Logo discuto alternativas à perspectiva moderna original, incluindo o utilitarismo moderno e, às vezes, rupturas mais radicais. Apresento então minha própria visão da relação entre a vida social e a materialidade e afirmo que é principalmente de dentro da própria modernidade que as soluções podem surgir para seus impasses, embora sem desconsiderar possíveis contribuições de outras civilizações. Ainda que um novo horizonte e novos conceitos sejam necessários, perspectivas mais fantasiosas não são um ponto de partida adequado. Isso é especialmente verdadeiro no que diz respeito às questões ambientais gerais e sobretudo à mudança climática, que abordo no final do capítulo. A análise da modernidade e o conceito de subjetividade coletiva fornecem os elementos que sustentam minha própria resposta a essas questões, especificamente no plano teórico.

Embora a dimensão política seja o foco deste capítulo, situá-lo, como tem sido feito até agora e será aprofundado a seguir, em um quadro mais geral é importante tanto para uma reconstrução geral do tópico quanto para compreender as conexões dessa dimensão específica da civilização moderna com a vida social como um todo. Além disso, a dimensão política muitas vezes está no cerne das correntes dominantes, bem como das perspectivas modernas alternativas. A conclusão dessa reconstrução categorial nos permitirá, finalmente, considerar o que pode ser esperado de desenvolvimentos futuros e como uma perspectiva teórica crítica pode avaliá-los e para eles contribuir.

Modernidade, política e direito

A razão humana abstrata e apriorista que surgiu como um elemento-chave da modernidade, incluindo sua dimensão política, sóia positivar direitos individuais a priori. Deixando o "estado de natureza" para trás, esses direitos legalmente reconhecidos eram inicialmente altamente abstratos, pertencentes a todos os seres humanos (em princípio, embora as estruturas legalmente patriarcais privassem as mulheres deles por muito tempo). Os direitos civis foram a sua principal expressão, ao passo que os direitos políticos resultaram da criação de um Estado que defendia os primeiros, com pensadores e tradições variando na caracterização de como isso deve acontecer. A vontade humana — não mais a de Deus — conduzia racionalidade para a vida social. O direito e o Estado como tais, incluindo a burocracia, o judiciário e a polícia, também eram vistos como entidades abstratas, desprovidas de características específicas. Isso foi lentamente transformado, uma vez que a concretude — isto é, os múltiplos aspectos da vida social, incluindo pobreza, classe, gênero e raça, bem como questões ambientais — invadiu essa abstração, resultando no desenvolvimento dinâmico da cidadania e de um sistema político societal no qual os cidadãos se organizam. Inicialmente, veio à tona a questão social, para desgosto dos liberais que pretendiam manter a esfera pública e a política abstratas, seguida por outras questões concretas. Tais questões pressionaram a exclusividade dos direitos civis e políticos, dando origem a direitos sociais, políticas sociais e, eventualmente, direitos coletivos (especialmente dos povos indígenas), ao lado de "direitos difusos". Entre eles, também encontramos os direitos ambientais (analisados mais detalhadamente adiante). Originalmente colocada fora dos direitos e do Estado, dentro das relações econômicas e familiares, bem como dos pertencimentos religiosos menos definidos, a concretude foi somente internalizada — traduzida em questões objetivas e políticas relacionadas — dentro da modernidade política, com seu forte pano de fundo jurídico, e devido à pressão da mobilização societal (ver Domingues, 2002 e [2019] 2021).

Como afirmado acima, um elemento específico era problemático neste contexto: o corpo humano. É externo à razão e, em certo sentido, à sociedade. A razão, na tradição moderna, o preside, usando-o como meio para atingir os objetivos que a mente define para o indivíduo. A metáfora do "corpo político" está ligada a isso, com o Estado funcionando como a mente da sociedade. A autopropriedade foi fundamental para a incorporação do corpo humano, para além da irracionalidade de "bestas" (e de fato escravos, até o final do século XIX), na vida social e, especialmente, na vida política. Meu corpo pertence ao meu ego como minha mente puramente racional e independente, que pode fazer com ele o que bem quiser. Nesse aspecto muito específico e limitado, a natureza é de alguma forma trazida para o reino da modernidade jurídico-política (Domingues, [2019] 2021, cap. 7). No século XX, um passo adiante foi dado com o reconhecimento de que o corpo está entrelaçado com a mente, colocando assim em xeque, em certa medida, o racionalismo, nesse sentido bastante cartesiano. A situação espaço-temporal do nosso corpo no mundo (Mead, 1934), bem como seu caráter erógeno, conforme definido na psicanálise (cf. Freud, [1915] 1969), abriu novos horizontes e mudou nossa concepção da vida social e da "agência" (*agency*) social[18]. Não

---

18. Nossa simbiose com microrganismos, mitocôndrias e bactérias seria um elemento adicional e talvez mais básico disso, mas aqui me limito a exemplos das humanidades.

obstante, sendo humano, esse corpo está, portanto, de alguma forma conectado à subjetividade humana, tornando mais fácil e eventualmente inevitável reconhecê-lo parcialmente como situando-se de alguma forma no interior da dimensão política.

A natureza em geral, além dos seres humanos e de seu corpo, que carregam consigo, não poderia, entretanto, ser incorporada à modernidade política, salvo em um sentido muito mais restrito, que na verdade manteve essa divisão insuperável. A natureza humana talvez pudesse ser reconciliada com a sociedade, mas a natureza além dela não. Ela permanece externa. Contudo, quase paradoxalmente, o desenvolvimento da modernidade testemunhou a importância política crescente da natureza. Para começar, os "direitos difusos", em seu nível mais elevado de concretude, introduziram carne na abstração da modernidade política, especialmente no que diz respeito à natureza (Domingues, 2002, Parte IV). Além disso, politicamente, até mesmo um campo conflituoso de "subpolítica" relacionado à ciência (Beck, 1986) emergiu, ao lado de movimentos sociais ambientais, com a natureza como seu objeto. Isso pode parecer contradizer meu ponto de vista. Mas a natureza, na verdade, aparece aqui como objeto de direitos difusos e de subpolíticas e movimentos sociais, um elemento inassimilável nos limites da modernidade jurídico-política para além da questão contundente e empírica de sua crescente presença e concretude em debates políticos e atividades legislativas. Visto por essa perspectiva, os seres humanos não são apenas portadores de direitos, senão também portadores de uma responsabilidade ante a degradação da natureza e com relação às gerações futuras, em uma época em que a tecnologia nos deu um enorme poder causal (Jonas 1984; Domingues 2002, Parte IV). Somente seres racionais podem ser responsáveis em termos morais e legais. A natureza pode ser apenas o objeto da ação humana neste universo moderno, não um sujeito. Como tal, permanece exterior à modernidade política.

Formulações alternativas

Tem havido alternativas parciais para este imaginário dominante da natureza, com a dimensão política ganhando espaço, especialmente no que se refere aos direitos, e elas têm se tornado mais numerosas, radicais e globais.

O primeiro origina-se, curiosamente, do utilitarismo, para o qual os direitos são meramente concessões convencionais atribuídas pelo Estado. Essa perspectiva permanece firmemente dentro dos limites da modernidade, conectando-se a antigos autores como Hobbes, Spinoza e Locke, bem como a uma forte noção de interesse e utilidade pragmática individual, mas de certa forma borra a distinção entre animais e humanos, conquanto não chegue a desafiar a divisão entre sociedade e natureza, bem como os pressupostos jurídico-políticos centrais da modernidade. De acordo com o utilitarismo, todos os seres sencientes são capazes de dor e prazer, o que pode ser a principal força motriz para a ação sobre qualquer objeto social e para evitar torturá-los ou atormentá-los (Bentham, [1780] 1996, cap. 17). Animais — pelo menos os superiores, porém cada vez mais os animais em sua totalidade, como temos percebido nas últimas décadas — compartilham essas características, embora alguns no movimento de libertação animal reconheçam "diferenças óbvias" entre os direitos dos humanos e dos animais, sofrimento e dor permanecendo como os critérios utilitários para evitar ações que desrespeitem o bem-estar destes últimos, quer isso seja concebido de forma discreta ou inclua uma visão mais abrangente de vidas sencientes plenas que estruturam interesses de longo prazo (Singer [1975] 2009, pp. 1-8, cap. 5-6; Benton, 1993; Grimm e Wild, 2016, pp. 132-46). Surgem aí questões jurídicas, mas a dimensão política mais ampla é tocada apenas lateralmente (por movimentos de "libertação animal", por exemplo).

Seria totalmente incorreto situar Marx diretamente no interior da tradição utilitarista, mas a ligação é clara: ele derivou os interesses de classe diretamente de nossa inserção na vida socioeconômica e de como nós, a partir desse posicionamento, interagimos com a natureza e nos esforçamos racionalmente para nos beneficiar dela (Marx e Engels, [1848] 1978). No entanto, logo no início Marx ([1844] 1981) discutiu nosso pertencimento multifacetado à natureza enquanto seres sensoriais ativos, afirmando claramente que possuímos um "ser-espécie" natural, a despeito de nossa evolução particular, que nos diferencia parcialmente do reino natural (ver Benton, 1993). Ao passo que não era o equilíbrio prazer/dor que importava para Marx, um avanço conceitual mais radical no tocante à natureza pode ser encontrado em seu trabalho, se bem que, novamente, tenha sido apenas parcial.

Marx e Engels ([1845] 1969) enfatizaram ainda mais nossa conexão econômica e existencial com a natureza devido à reprodução necessária da vida material, incluindo os seres humanos por meio da sexualidade. Marx ([1867] 1962, caps. 7, 15 e 29) coroou isso com observações perspicazes sobre o "metabolismo" (*Stoffwechsel*) entre a espécie humana e a natureza que era mediado pelo trabalho. Isso incluía nossa relação positiva com a natureza, mas também o antagonismo entre cidade e campo, prejudicado pelo crescimento da primeira, bem como a exploração capitalista imprudente do solo para fins lucrativos (ver Foster, 2000, cap. 5). Apenas consequências políticas indiretas derivaram, porém, disso. Elas começam pelas contradições entre forças produtivas e relações de produção que acabam por romper internamente os modos de produção devido ao desenvolvimento das primeiras, com seu impacto, como "base" ou "infraestrutura", sobre as estruturas ideológico-jurídico-políticas então erigidas. Isso levaria então mais diretamente à revolução, ao socialismo e à futura construção do comunismo (que aparentemente escapa dessa dinâmica) (Marx, [1859] 1961). Isso envolveria uma relação diferente e menos destrutiva com a natureza, cujas características Marx não explicitou.

Na teoria crítica da Escola de Frankfurt, por sua vez, o tema ressurgiu fortemente (ver Wilding, 2008). Adorno e Horkheimer (1984 [1944]) denunciaram a razão "instrumental" e o "logocentrismo" do Esclarecimento e seu antagonismo com relação à concretude. Isso se originou como um meio de subordinar a natureza, homogeneizando-a e reificando-a para além do mito, tornando-se todavia selvagem à medida que a humanidade desenvolveu a si e ao próprio mito. Marcuse ([1955] 1974; [1964] 2002, pp. 74, 150ss, 162, 168, 231-34 e 240ss) foi mais longe: à racionalidade instrumental abstrata e calculista da ciência e tecnologia modernas, oriundas da Grécia e vinculadas à dominação e exploração do "homem e da natureza", Marcuse opôs a "libertação e pacificação da natureza". Isso exigiria uma nova ciência e tecnologia. Ainda dentro da teoria crítica, Habermas (1968, 1976; [1981] 1988) rejeitou essa abordagem. Se para ele os humanos são uma espécie particular, mas parte da natureza, o racionalismo do Esclarecimento reaparece em sua definição da ontogênese moral e cognitiva unilinear da espécie, apesar da virada comunicativa, acabando por definir os sistemas econômicos e políticos como instrumentalmente dirigidos e autorreferenciais, estabelecendo assim a natureza simplesmente como um objeto. As questões epistemológicas (e "interesses") presentes em seu trabalho e discutidas acima acompanham essa conceituação socio-evolutiva, à qual Habermas (2005) posteriormente acrescentou uma preocupação com a biotecnologia e a intervenção sobre corpos humanos e embriões, que ele demandou que fossem legalmente regulamentadas para garantir a dignidade da vida humana contra a eugenia liberal mercantilizada. Sua expulsão da natureza de dentro da teoria crítica foi, na verdade, um retrocesso em relação aos antigos autores da Escola de Frankfurt (Vetlesen, 2014, cap. 2). A natureza, nessa visão, pode meramente ser um objeto de movimentos sociais e do direito.

Pode-se argumentar que a recente atribuição, por exemplo, na Constituição equatoriana de 2008, de "direitos" à "natureza" desmente sua insuperável exterioridade em relação à "sociedade", sobretudo a sua dimensão política. Dito isso, empiricamente, há alguma validade na afirmação de que a exterioridade foi superada, uma vez que a interioridade está explicitamente estabelecida no texto constitucional. No entanto, isso é rapidamente falsificado por uma tradução problemática de direitos naturais subjetivos em direitos da natureza, sem uma articulação adequada do que isso significa para além de uma mera declaração geral e inespecífica. Note-se, em primeiro lugar, que de acordo com essa formulação, a natureza permanece homogeneizada e reificada. A natureza é um (único) "ser"? Tem sentimentos, raciocina e possui vontade? Desfruta de prazer e suporta a dor? É um tipo de Deus? Há esforços por parte dos defensores dos direitos da natureza para afirmar todos esses pontos. Esses incluem um ângulo ecológico profundo e a "hipótese Gaya", com seu núcleo metafórico romântico segundo o qual todo o planeta é tomado como um organismo vivo. Outra direção é oferecida pelos indígenas andinos na recente articulação intelectual do *Sumak Kawsay*, com sua referência à Pacha Mama. Com essas abordagens, poderíamos avançar para uma concepção híbrida de direitos, em parte para além da modernidade ocidental. Politicamente, isso causou um pequeno terremoto, que foi, no entanto, mais retórico do que praticamente efetivado (Zaffaroni, 2011; Simón Campaña, 2013). Essa perspectiva também pode estar ligada a uma visão dos animais que evita sua definição como meras bestas, desprovidas de sentimentos e razão, o que os capacita para ter direitos e a proteção oferecida aos seres humanos vulneráveis. Ainda assim, cabe aos humanos assumirem essas responsabilidades.

Conceitualmente, essas construções imaginárias e até mesmo institucionais parecem frágeis. Afinal, somente se a relação entre objetividade e subjetividade, razão e corpo, for resolvida, é que se torna possível tomar essa articulação basicamente formal-legal como mais do que uma ideia sugestiva. Isso de forma alguma implica que não podemos ou não devemos atribuir direitos aos animais ou à natureza em geral, apenas que isso é mais uma espécie de dispositivo substitutivo, estendendo desajeitadamente o que em suas origens era destinado apenas aos seres humanos. Acaba por estar muito longe de atribuir direitos subjetivos à natureza em geral — aos animais de forma mais restritiva — se não incluir uma reconstrução ou superação mais complexa do imaginário moderno.

Mesmo na chamada "ecologia profunda", com seu retorno implícito ou potencial a algum tipo de direito natural e concepção de justiça objetivas, bem como seu desafio a abordagens baseadas na utilidade do meio ambiente em relação a nosso gozo e direitos individuais, juntamente com a reivindicação de um "valor intrínseco" da natureza, a responsabilidade aparece como um atributo humano, embora os direitos da natureza também apareçam vagamente na perspectiva desse movimento (Naess, 1973). Além disso, ao passo que a natureza é assim vista, com suas derivações nos direitos da natureza, de forma invertida, mais generosa do que já mencionado, ela é mais uma vez reificada e homogeneizada. Uma avaliação semelhante pode ser feita dos direitos dos animais em conexão com a ideia de que, ao contrário das abordagens utilitaristas, todos nós temos um "valor intrínseco". Embora os animais possam ser considerados "sujeitos-de-uma-vida", eles permanecem "pacientes morais", não "agentes morais" (Regan, 1983, pp. 279-80). O que quer que pensemos dessa construção ética, os animais não podem ser vistos como possuidores de vontade política (ou responsabilidade); eles permanecem, portanto, fora da dimensão política propriamente dita, exceto como objetos de respeito, portanto, de direitos morais e possivelmente legais.

Em um nível mais empírico, como observado acima, subpolíticas, intelectuais e movimentos sociais têm sido cruciais nos debates e lutas políticas, nas amplas mudanças no imaginário e nas instituições, bem como nas elaborações intelectuais mais específicas sobre questões ambientais, vegetarianismo, direitos dos animais, ecologia profunda etc. São principalmente o Estado moderno e o capitalismo, os movimentos sociais e as organizações não governamentais que, descritiva e teoricamente, aparecem nessas análises como agentes humanos individuais e coletivos (subjetividades coletivas) (Habermas, 1988; O'Connor, 1989, 1991a; 1991b; Melucci, 1996; Eder, 2000). O "Estado ambiental", com legislação, penalidades, educação, administração da população, promoção econômica, destaca-se nisso (Duit; Feindt; Meadowcroft, 2016). A ecologia política latino-americana

(Leff, 2004; Porto Gonçalves, 2006) tem se destacado neste debate, às vezes se conectando à ecologia profunda. É, no entanto, discutível se essa corrente é realmente capaz de desfazer a divisão e a exterioridade aqui discutidas, exceto talvez por tomar ideias emprestadas das cosmologias andinas e malgrado seus interessantes argumentos conceituais, crítica e politicamente orientados. Perdura a objetivação e a transformação da natureza em questão que não recebe um status diferente, apesar da ênfase da ecologia política em nosso entrelaçamento com ela, bem como o reconhecimento de sua importância, valor intrínseco e limites, geralmente com a exigência de superação da civilização capitalista e do cartesianismo. Além disso, de certa forma ligada a essa tradição, a confiança dos movimentos sociais latino-americanos (feministas, indígenas) em perspectivas "relacionais" e de "cuidado" tem sido articuladas (embora não esteja claro se isso realmente supera o dualismo cartesiano, que pode permanecer como pressuposto e em acordo com as visões tradicionais de responsabilidade humana), acompanhados de "conceitos-horizonte" como o *buen vivir* (espanhol para *Sumak Kawsay*), bem como iniciativas locais de "pós-desenvolvimento", muitas vezes baseadas no conhecimento prático popular (Svampa, 2016; 2019).

De forma mais radical, alguns antropólogos mais recentemente — em contraste com muitos de seus honrados mestres, como Lévi-Strauss (1981 [1949]) e sua separação nítida entre "cultura" e "natureza" (enraizada na proibição do incesto) — tentaram preencher a lacuna entre esses dois universos (Descola, 2005). Um novo imaginário e até mesmo novas instituições poderiam emergir. Latour (1991; 2004), através de uma visão híbrida dos "actantes" e da abordagem "ação-rede", e Viveiros de Castro (2009), com uma mistura epistemológica de "perspectivismo" indígena e pós-estruturalismo deleuziano, ensaiaram alternativas às concepções modernas tradicionais. Latour também tentou conceituar diferentes "coletivos" (com alguma inspiração em Moscovici) no que diz respeito a um "pluriverso" variado e redes. Criar-se-iam assim novas assembleias para além da divisão entre "natureza" e "sociedade" (suas respectivas "câmaras") de "ciência" e "política", o silêncio dos objetos e o barulho dos humanos[19].

Por mais desafiadoras e sensibilizadoras que sejam, essas abordagens não podem ser tomadas como mais que sementes de diferentes imaginários (um esforço que os românticos, especialmente através da arte e da poesia, tentaram também, há dois séculos). Para terem um impacto social real, não só precisariam ser mais consistentes e muito diferentes do que temos atualmente, mas também abrangentes e socialmente muito influentes para que pudéssemos falar de um novo componente civilizacional, sem falar da institucionalização de um tal imaginário para além do moderno aparelho político-jurídico. A concretude da natureza permite muito debate, pois aparece como um objeto, um "paciente", talvez a ser libertado e resgatado, não um agente ativo, racional, voluntarioso, capaz de intencionalidade e responsável por ela, diferentemente de como os agentes humanos modernos foram pensados. A natureza não fala, a não ser metaforicamente e com nós mesmos transformados em seus porta-vozes.

Particularmente, a tentativa de Latour de substituir a causalidade intencional humana por uma causalidade ativa geral está longe de ser convincente. É verdade que a intencionalidade humana é teleologicamente orientada até certo ponto, enquanto a razão é limitada e a vida prática real impede que tal intencionalidade seja totalmente operacional, quanto mais bem-sucedida. Ela pode até levar a desastres. Por outro lado, também é verdade que pelo menos alguns animais e talvez todos eles evidenciam características teleológicas comportamentais em seus modos de vivenciar e enquadrar o mundo. Contudo, eliminar as diferenças em relação à causalidade e substituir

19. Latour (2012) tenta deliberadamente produzir uma ontologia plana e rasa como alternativa à divisão moderna. A ideia de uma pluralização da "natureza" não deve implicar, no entanto, que as "redes" simplesmente substituam o que ele chama de "domínios". Estes não são estanques, mas existem em sua peculiar configuração moderna.

a causalidade teleológica eficiente aristotélica por uma visão amorfa na qual humanos e natureza são indistinguíveis não ajuda em nada: a subjetividade deve permanecer conceitualizada de forma mais restritiva. Precisamos de outro tipo de avanço.

A esta altura, é interessante introduzir o conceito de sistemas sociais enquanto *subjetividades coletivas*, ou seja, de sistemas sociais como processos multidimensionais interativos, tecidos apenas por seres humanos e subcoletividades (outros sistemas sociais). Agentes individuais existem e se individualizam dentro de tais subjetividades coletivas, que eles, por sua vez, tecem interativamente. A causalidade material do mundo, em que a natureza — autônoma ou humanamente transformada — é o elemento-chave, deve ser reconhecida dentro de tais sistemas, e isso inclui o corpo humano. Essa foi a intuição produtiva das "redes sociotécnicas", como sugerido por Callon e Latour (Callon, 2006), embora ambos tendam a não enfatizar a subjetividade individual e coletiva, e o último em particular a estenda demais para um domínio onde ela não se aplica. Toda ação humana individual e movimento coletivo está enredado com essa dimensão constitutiva da vida social, a saber, sua materialidade. Além disso, coletividades certamente existem na natureza e exercem uma *causalidade coletiva* — como sistemas de plantas, grupos de animais, aglomerados de estrelas etc. — umas sobre as outras e sobre a vida social. A subjetividade coletiva só pode ser encontrada em sistemas sociais, cuja causalidade coletiva e, portanto, impacto é mais ou menos teleologicamente orientado, dependendo de seu nível de centramento e intencionalidade, sem prejuízo da intensidade causal e acarretando consequências não-intencionais. Este é um ponto de partida importante. No entanto, como subjetividade coletiva, a espécie humana não deve ser vista como centrada e teleologicamente orientada — não em princípio, em todo caso. Como tal, existiu em diferentes épocas e agora exibe uma unidade interna complexa e altamente diferenciada. Também evidencia continuidade histórica, mas nenhuma intencionalidade transhistórica pode ser atribuída a ela (Domingues, 1995, cap.

8; 1999, cap. 1 e 4). Isso não significa, porém, que não possa assumir, hoje, uma responsabilidade coletiva articulada e intencional (teleologicamente orientada).

Pode-se dizer que um elemento multifacetado de *hardware* ("natural") é constitutivo de todos os sistemas sociais, das inúmeras subjetividades coletivas que tecem a vida social, com uma causalidade material, a presença de animais em que a subjetividade é claramente desenvolvida, embora menos e talvez de maneiras diferentes daquela da espécie humana, ocupando um lugar particular e possivelmente insondável. Isso não significa que devamos afundar a materialidade, em sua pluralidade, em um novo e pouco convincente tipo de sujeito não especificado. Na verdade, lidamos aqui com coisas muito diferentes, por exemplo, elementos mais circunscritos de sistemas sociais em que a materialidade está entrelaçada com a subjetividade humana, como os sistemas técnicos ou agrícolas, bem como aqueles sistemas aparentemente puramente "naturais" com os quais nos relacionamos mais de longe, constelações remotas por exemplo, compreendendo a terra como um todo (mas não como um "organismo vivo"[20]), bem como cada vez mais o que está além dela.

Poderíamos, assim, incorporar a interessante ideia de pluralização da natureza, dos seus diversos "elementos", como a maneira como algumas "constelações materiais" se organizam, sem nenhuma, menor ou maior intervenção humana (Moscovici, 1968, pp. 28-29ss)

---

20. Outra maneira de fundir os muitos elementos da "natureza" e simultaneamente subjetivá-la indevidamente aparece na chamada "teoria de Gaia". Lovelock (2006) curiosamente mistura metodologicamente individualistas e teleológicos "genes egoístas" (uma ideia tirada de Dawkins) com o coletivismo do supostamente metafórico – mas na verdade operacional – "holismo" (romântico) de Gaia como um sujeito abrangente: seu "objetivo" seria sustentar a "habitabilidade" e, nesse estágio, sua vingança iminente contra a humanidade. Ambos os elementos são altamente antropomórficos, pelo que a causalidade é totalmente confusa, embora Lovelock ocasionalmente tenha uma visão mais adequada de "organismos" únicos como a unidade da evolução (darwiniana) – sem teleologia.

— incluindo níveis variados de impacto causal[21]. Essa seria uma melhor maneira de ir além da unidade absoluta da natureza, evoluindo para uma concepção imaginária de "pluriverso" relacionada aos engajamentos humanos individuais e coletivos, práticos e científicos, bem como aqueles que pouco ou nada afetamos. Subjetividades coletivas específicas, com seus suportes e objetivos materiais, iriam além da mera homogeneização e unificação a priori (dominação logocêntrica e subjacente) de "sociedade" e "natureza", implicando, portanto, diferentes constelações. Além disso, embora a materialidade dificilmente possa escapar de sua classificação dentro de um âmbito natural mais abrangente e distinto, seria interessante tomar a "natureza" de forma mais fragmentada, de acordo com nossos engajamentos práticos e conceituais, incluindo graus de subjetividade. No entanto, as consequências políticas deste último movimento devem ser devidamente consideradas. O risco é que, uma vez que os "coletivos" se multipliquem, percamos o foco e a capacidade de fazer um argumento político acerca da "natureza" como um objeto unificado.

No entanto, a natureza tem sido vista como homogênea, como tudo o que não é humano, e precisamos reconhecer sua pluralidade, com alguns de seus supostos elementos mais próximos dos humanos do que outros, talvez aceitando nosso próprio ponto de partida em uma perspectiva antropocêntrica (não antropomórfica, o que não é aceito na modernidade e levaria ao colapso as distinções que precisamos sustentar). Isso pode nos permitir começar a superar essa visão homogeneizadora e, simultaneamente, manter nossa responsabilidade ética e política por um domínio com respeito ao qual somos capazes de penetração cognitiva muito maior, impacto teleologicamente orientado e, devido ao desenvolvimento tecnológico, também

---

21. Como mostra Moscovici, Diderot combinou esses "elementos" em uma concepção geral ("esclarecida") da natureza, embora isso não seja necessário. Rachaduras produtivas no imaginário moderno poderiam surgir dessa forma.

poder, tanto destrutivo quanto construtivo. No final, isso pode nos impulsionar mais fortemente em uma direção dialógica que redefinições mais radicais da natureza que supostamente rompem com ela, mas que na verdade são desprovidas de bases mais profundas na realidade, permanecendo, portanto, também mais ineficazes.

Natureza e mudança climática, democracia e emancipação

A modernidade tem politicamente considerado o mundo social em sua plasticidade, uma vez que podemos construir instituições da maneira que decidimos coletivamente — ou somos forçados a aceitar — com a dimensão política (especialmente o Estado) como o meio pelo qual podemos remodelar a sociedade (Meyer, 2001; Chernilo, 2013). Em sua maior parte, a natureza estaria isenta desse paradigma, embora a engenharia genética tenha trazido novas questões (relacionadas a aspectos naturalmente "cultivados" ou habilmente "fabricados" dos seres humanos, por exemplo, como argumentado por Habermas, 2005). Giddens (1990), com algum exagero, observou que a natureza já está transformada para além do ambiente natural dado em que nos movemos, de modo que a plasticidade também a atinge, embora ele eventualmente tenha reconhecido corretamente que a mudança climática e fenômenos similares apenas o impactam superficialmente, visto que a natureza perdura e muda além do escopo e do alcance das criaturas vivas atualmente espalhadas pela superfície da Terra, incluindo os humanos (Giddens, 2009). Mas mesmo que o ambiente natural transformado seja uma realidade e a natureza não seja mais totalmente externa à sociedade, ainda é apenas como um objeto ou, para ser mais neutro, uma "questão" ou um conjunto de questões que a modernidade a incorpora (Meyer, 2001).

O fato de a natureza ser meramente incorporada como objeto pertence tanto à dimensão econômica quanto política da modernidade, desde o nível local, passando pelo nacional e regional, até o global. Como visto acima, Marx enfatizou que transformamos a natureza no intercâmbio que estabelecemos coletivamente com ela, o trabalho operando como elemento mediador entre nós e o mundo natural exterior. A materialidade é incorporada à constituição básica dos sistemas sociais. O Estado como agente econômico — e, mais que isso, como engajado no que Foucault (1976; 2009) chamou de "biopolítica", incluindo as populações e o corpo — também é crucial para isso. No entanto, a interiorização deste mundo material é extremamente limitada e específica; em algum estágio inicial, de modo lógico e substantivo, é realmente insuperável, tanto no plano imaginário como institucional. A dimensão política, ou seja, o sistema político e o Estado em geral (incluindo uma dimensão material em sua composição) não pode absorvê-la para além de sua mera existência objetivada, como coisas sobre as quais aplicamos, mais ou menos intencionalmente, nossa capacidade individual e coletiva. Diferentes graus de subjetivação e objetivação, passividade e atividade, intencionalidade e causalidade cega — especialmente, mas não apenas, em relação aos animais — estão em jogo aqui. Essas coisas são vistas como desprovidas dos meios racionais e até emocionais para estabelecer uma interação real com os humanos, exceto como pacientes de sua ação, que os neutraliza afetivamente — pelo menos a maioria deles, embora os animais às vezes desafiem essa crença moderna, sobretudo animais de estimação, cavalos e afins, além de animais criados mais instrumentalmente, fenômeno que rapidamente se adensou nas últimas décadas (a etologia contribuiu muito para essa revisão).

Com certeza, tudo o que os humanos fabricam é híbrido, por definição: não podemos escapar de uma conexão material. Todavia, isso não significa que não sejamos modernos, simplesmente que entre a ideologia e o esforço de fazer a separação proposta pela modernidade há uma lacuna que é variavelmente sustentável — ora a separação parece estanque, ora um tanto porosa. As abstrações da modernidade são mais firmes em face da natureza do que vis-à-vis as demandas sociais concretas (incluindo aquelas referidas à natureza e ao meio ambiente) apresentadas pelos indivíduos e principalmente pelas coletividades, exatamente por ela ser um não-agente, segundo as ideologias modernas. Dito isso, seria altamente inadequado ignorar a causalidade material, certamente não intencional, que a natureza — ou a materialidade, em sua multiplicidade — exerce sobre a vida social como um todo.

Podemos e devemos nos envolver com a natureza em termos modernos, como um objeto sobre o qual atuamos politicamente em sua concretude mediante os sistemas políticos. Tais iniciativas são de base local, nacional e global, e são oriundas de estados ou organizações internacionais (nas quais se destaca a Organização das Nações Unidas, agora com seu Painel Intergovernamental sobre Mudanças Climáticas (IPCC), mas também de cunho societal, incluindo a opinião pública local, nacional e global, movimentos sociais e organizações não-governamentais (Domingues, [2019] 2021). Nesse sentido, é também importante tentarmos repensar a natureza como tal, abrindo caminho para novas construções imaginárias, ainda limitadas pela modernidade e visões predominantemente ocidentais, ao passo que, em relação às hibridizações entre a modernidade e outras civilizações que se modernizaram após o contato com o Ocidente, as coisas não tenham ultrapassado meras proclamações. No máximo, vemos intuições muitas vezes tingidas de pretensões nacionalistas de modo a reforçar projetos internos ou geopolíticos (para China e Índia, ver Kassiola; Guo, 2010; Shapiro, 2016; Chengzhou, 2018; Hall, 2017; Saryal, 2018); ou então nos são sugeridas certas ideias passíveis de nos tornar sensíveis a tais questões, mas que não oferecem soluções para a modernidade global e seus impasses gerais (ver Svampa,

2019; Danowski; Viveiros de Castro, 2016 [2014], bem como outros autores já citados)[22].

Isso tem implicações diretas para o que foi chamado de "Antropoceno", para a mudança climática devido à intervenção humana sobre a natureza (Crutzen; Stoermer, 2000). Até que ponto isso envolve a espécie humana como um todo ou grupos e países específicos é uma questão controversa (ver Chakrabarty, 2015; 2021, cap. 1; Chernilo, 2017). O capitalismo globalizado (para o qual a objetivação econômica e a exterioridade, assim como a mercantilização da natureza, são cruciais) tem grande (ou mesmo exclusiva) responsabilidade por isso, com alguns até falando em *Capitaloceno* (Moore, 2014, pp. 2, 77 e 173). O produtivismo acelerado, devido às demandas de acumulação do capital, o consumo intenso de combustíveis fósseis, o consumismo e os ricos em geral estão no centro da mudança climática, especialmente o aquecimento global, que são graves resultados não intencionais de empreendimentos capitalistas, embora hoje bem conhecidos e amplamente evitáveis (uma questão há muito compreendida por Engels, [1883] 1975, pp. 452-455). Classes específicas estão na vanguarda dos processos de acumulação — a burguesia desde o século XIX. Esse desenvolvimento ocorreu, porém, dentro de uma evolução mais geral da espécie humana como uma subjetividade coletiva bastante descentrada, e todos somos de alguma forma responsáveis por isso no muito longo prazo devido ao impacto perene da humanidade sobre seu meio ambiente.

---

22. Há, por exemplo, pontos de vista que, apesar de exibir uma perspectiva pluralista e uma defesa admirável de agricultores e artesãos contra a grilagem de terras e a invasão capitalista, bem como a "democracia da terra", defendem a "grande civilização" da Índia por seu recurso à "energia renovável" – solar, cultural, animal e a pura força de trabalho humana na agricultura não mecanizada (Shiva 2008, pp. 39-40)! Isso seria supostamente um meio de combater a mudança climática, *contra*, pelo menos retoricamente, a modernidade (ou a "visão mecanicista" da natureza, o vício em combustíveis fósseis, o capitalismo, o industrialismo e o consumismo). Ela acaba, no entanto, com uma perspectiva bastante reacionária, embora curiosamente também democrática.

Outros caminhos evolutivos poderiam ter empurrado a humanidade para relações mais harmoniosas com a natureza (ou seja, a materialidade), como ainda é possível, esperamos, que ocorra no futuro, tais caminhos indicados por coletividades específicas, mas envolvendo novamente toda a espécie, o que, mais uma vez, não deve ser reificado, pois é ao mesmo tempo único e plural. Entretanto, para que a mudança ocorra, devemos — como ponto de partida — contar com o imaginário e as instituições modernas, com humanos modernos como uma espécie multifacetada e subjetividade coletiva complexa, em especial organizada pelo Estado e organizações internacionais interestatais, bem como impulsionada por organizações internacionais societais e movimentos sociais. Em outras palavras, devemos contar com a dimensão política, o Estado e os sistemas políticos societais (eles próprios todos "redes sociotécnicas"). Assim, esperamos controlar e, eventualmente, superar a mercantilização e o capitalismo, o que não constitui, de modo algum, tarefa fácil. Podemos ver claramente o impacto da natureza sobre nós, nosso pertencimento a ela, mas isso não equivale à causalidade intencional humana, simbolicamente organizada e com consequências certamente não intencionais. No que diz respeito em particular à mudança climática e às suas consequências, é também nossa responsabilidade cuidar do planeta e das condições em que as gerações futuras viverão, sem negligenciar a maneira como isso se relaciona com as diferentes classes e outras divisões sociais.

A exterioridade e a objetificação continuam a ser parte integrante do que sustenta a possibilidade de intervenção humana na mudança climática, especialmente a nível global, e o protesto e a ação política, a mitigação e a adaptação a mudanças tão abrangentes são demandadas: essas são tarefas urgentes a serem enfrentadas dentro dos marcos da civilização moderna. Nesse estágio, precisamos da objetividade que a ciência moderna nos permite — como sugeriu Habermas —, independentemente de suas limitações éticas. Essas podem ser diminuídas uma vez que o cuidado com a natureza e os seres sencientes figure como meta. Embora possa haver mudanças na maneira como pensamos a natureza, incluindo relações mais sutis e plurais com a materialidade (o que leva à subjetividade, incluindo os animais e vice-versa), é evidente que não podemos esperar por uma mudança total de visões de mundo. Os riscos e ameaças associados à mudança climática desafiam-nos claramente e exigem respostas desde já, mesmo que o princípio da precaução (obrigando a agir mesmo sem certeza, na medida em que o preço da inação pode ser alto) seja tomado como critério exclusivo (Dryzek; Norgaard; Schlosberg, 2013).

Nem a discussão da natureza no caso da teoria crítica é particularmente fácil. Até agora, essa escola de pensamento se preocupou fundamentalmente com a emancipação humana, colocando de alguma forma a liberdade (igualitária) em seu centro. Isso permanece verdadeiro mesmo se a levarmos para além de Marx e da Escola de Frankfurt, em uma direção mais "ecumênica" com outras correntes de pensamento (Domingues, 2002; [2012] 2013, cap. 1). Uma ressurreição romântica da natureza como sujeito ou algo semelhante não é mais viável, mas precisamos ir além da denúncia original frankfurtiana da "dominação da natureza". Devemos, portanto, ir além da teoria de Habermas ([1965] 1968) dos três "interesses" subjacentes ao conhecimento: técnico (para as ciências empírico-analíticas), prático (para as ciências histórico-hermenêuticas) e emancipatório (para as ciências de orientação crítica). A primeira implica a pura objetificação da natureza, enquanto as duas últimas de fato não se aplicam, pois ambas dizem respeito à subjetividade e ao ser humano. Embora devamos evitar visões unilineares da evolução, como aquelas presentes na "dialética do Esclarecimento" de Adorno e Horkheimer, bem como as visões ontogenéticas de Habermas, precisamos reconhecer que a razão, que, de fato, pertence à "natureza", foi cada vez mais separada e radicalmente oposta a esta última, com características por vezes "sobrenaturais". No entanto, essas são maneiras insuficientes de abordar a questão. Finalmente, como Adorno ([1966] 1980, pp. 193-285) argumentou, "objeto" (*Objekt*) é uma "máscara terminológica" que dá expressão positiva à negatividade do "não-idêntico" em relação ao "sujeito" e à "razão". A natureza como objetividade deve, em contraposição, ser concebida, como já argumentado, em sua heterogeneidade, o que acarreta uma visão menos compacta da subjetividade. Mais uma vez, isso envolve mudanças conceituais de longo prazo, na medida em que a objetividade e a exterioridade permanecem no presente como elementos profundamente arraigados que informam nossa necessária intervenção na natureza e nosso impacto sobre ela.

Chegamos, quase paradoxalmente, a nos considerar, sem maiores mudanças no imaginário moderno, como parte da natureza. No entanto, é a principal afirmação deste capítulo que, sobretudo em termos políticos, a natureza permaneceu insuperavelmente externa: em sua objetividade, em relação à sociedade, tanto teórica quanto praticamente. Procurei mostrar o quão difícil, apesar de algumas aberturas aqui e ali trazidas por intelectuais e movimentos sociais, é mudar essa visão. Contramovimentos como os aqui analisados podem encarnar um potencial utópico e questionar a "naturalização" da civilização moderna, mas não devem abarcar construções arbitrárias se objetivam a efetividade social e principalmente uma renovação do imaginário moderno. Imaginar um mundo diferente e projetar uma nova atitude mais acolhedora em relação à natureza para além do puro objetivismo, reconhecendo sua complexidade e recusando sua subjetivação implausível deve orientar uma teoria crítica atenta aos desafios de nosso tempo. A longo prazo, este será provavelmente o caminho mais seguro para uma mudança que venha a ser fundamental, e muito provavelmente implicará rupturas, em certos estágios, nos elementos centrais de nosso imaginário e instituições.

Nesse sentido, se o "antropocentrismo" foi superado também é discutível; tampouco, como já sugeri, é totalmente claro se devemos almejar isso. Nós inevitavelmente nos abrimos a nosso pertencimento à "natureza" como membros da espécie humana e a nosso impacto sobre ela, bem como encontramos uma nova centralidade na narrativa sobre a mudança climática como originais e poderosos agentes causais geoecológicos (Chakrabarty, 2015; 2021, cap. 1; Chernilo, 2017). Dito isso, estamos longe de mudar nosso ponto de vista de que os humanos — ou a "sociedade" em oposição à "natureza" — têm centralidade e prioridade axiológica. Além disso, não vejo razão para opor liberdade e Antropoceno como duas narrativas que exigem precedência e ainda menos exclusividade, especialmente no que diz respeito à espécie humana. Como reuni-los tem sido uma questão permanente para a teoria crítica, não obstante a dificuldade de se engajar criticamente com o tema.

A democracia deve estar no centro desses esforços para mudar nossa relação com a natureza e combater a mudança climática e suas consequências. Ela é outro elemento imaginário e institucional chave da modernidade política (Arnason, 1989) no qual, uma vez podendo assumir diferentes conteúdos e formas, devemos depositar nossas esperanças, qualquer que seja a urgência de nossa situação vis-à-vis a mudança climática e o meio-ambiente em geral. A democracia é crucial para a assunção coletiva da responsabilidade. Devemos evitar qualquer tipo de perspectiva tecnocrático-autoritária, que muitas vezes surge quando o recurso à tecnologia assume o centro das atenções, como se esse fosse o meio para salvar a humanidade e o planeta[23]. Em vez disso, a responsabilidade coletiva envolve a ampliação e o aprofundamento das instituições democráticas e a participação, ao invés de sua possível limitação em nome da eficiência e da rapidez, como muitas vezes os estados-nação e as organizações globais sugerem ou estariam ávidos por proclamar (Domingues, [2019] 2021, cap. 7).

23. Isto é, sustentar a democracia contra visões como aquelas infelizmente apresentadas por Lovelock (2006, pp. 106-07 e 135), que parece desprezar ou, pelo menos, subestimar a importância da democracia. Embora simpático às pequenas comunidades agrícolas, ele estava inteiramente convencido do papel primordial e da importância da ciência, que, em sua opinião, também deve superar a política.

O caminho autoritário certamente não seria um bom presságio para o futuro da espécie humana e provavelmente sequer mesmo para o da vida na terra em geral, nem estaria de acordo com o projeto emancipatório da modernidade.

CAPÍTULO 5

A MUDANÇA CLIMÁTICA E SEU LÉXICO: UMA VISÃO ANALÍTICA E CRÍTICA

Publicado originalmente no *International Journal of Politics, Culture and Society* 36 ([2021] 2023, p. 163-178).

Introdução

A mudança climática é um tema contemporâneo de destaque. Por meio da análise do léxico empregado por organizações internacionais oficiais e das pesquisas direta ou indiretamente relacionadas a elas, este capítulo pretende trazer à tona seu principal aparato discursivo e delinear suas limitações, bem como identificar possibilidades e mudanças que pode demandar. Ele reúne assim seus principais conceitos e noções. Como é comum na tradição da teoria crítica, a análise procede inicialmente de dentro dos conceitos — portanto, de forma imanente —, de modo a trazer à tona bloqueios e saídas potenciais, e também, eventualmente, apontar como as relações de poder se entrelaçam e sustentam em sua produção (Domingues, 2002). Se alguns autores examinados a seguir já enfatizaram os aspectos políticos subjacentes a esses conceitos e noções —, algo que o próprio Painel Intergovernamental sobre Mudanças Climáticas (IPCC) das Nações Unidas (ONU) já fez —, e, de forma incipiente, reconheceram essa questão, os parâmetros do debate soem ser estreitos. Em particular, a questão do poder permaneceu amplamente ausente no debate dominante.

O capítulo se propõe, assim, a abordá-los em termos políticos diretos e fortes, oferecendo uma perspectiva calcada na sociologia política, com ênfase no aspecto hermenêutico do imaginário da mudança climática (que não é menos real) e nas organizações e instituições a ela relacionadas. Colocam-se, portanto, os agentes e o poder no centro da discussão, indo além do quadro "pós-político" predominante no campo da mudança climática (Brulle; Dunlap, 2015, pp. 12-14 e 17).

A discussão sobre mudanças climáticas tem sido vasta e envolvido recursos de grande magnitude, gerando seu próprio léxico. Ela se encontra, no entanto, articulada com outras áreas de especialização e tem constituído um campo em evolução do imaginário social contemporâneo, simbolicamente perpassada por elementos cognitivos, valorativos, normativos e expressivos, que mediam as nossas relações individuais e coletivas com a realidade na sua totalidade. As áreas de especialização que contribuem para essa construção simbólica (e também prática) incluem a análise de desastres e riscos, bem como a saúde pública global, com significativa influência e ligação a organizações internacionais. A ONU se destaca nesse quesito, promovendo conceitos que são partilhados em diversas áreas (UN/ISDR, 2004), incluindo a luta contra a pobreza, especialmente no que diz respeito àqueles que se encontram em situações particulares de "risco" e "vulnerabilidade", nesse caso intimamente vinculada às categorias discursivas do Banco Mundial (Rodríguez Ortiz, 2014; Domingues, 2017, cap. 3). Esse também é o caso da Convenção Quadro das Nações Unidas sobre Mudanças Climáticas (UNFCCC) e o IPCC, a ela vinculada. Discursivamente, os relatórios do IPCC desde 1990 são muito relevantes. A versão mais recente data de 2014 e inclui um anexo/glossário de definições, ainda que sejam, de fato, bastante vagas e restritas (IPCC, 2014).

O léxico das alterações climáticas permite-nos vê-las precisamente como uma verdadeira *província* prático-hermenêutica da vida social, fluida e com fronteiras imprecisas entre a ciência e a política. Para lidar criticamente com o assunto, este capítulo irá retomar e definir o que outros autores já realizaram em parte, apresentando uma perspectiva sistemática. Todos os conceitos desse léxico básico são polissêmicos e têm incluído paulatina e parcialmente, até mesmo oficialmente, aspectos sociais e políticos que atenuam seu caráter anteriormente mais tecnocrático e neutro, mas que não avançam em uma discussão aprofundada nessa direção. Procurarei as definições e usos mais comuns, sem tentar, no entanto, mapear todos os seus significados na enorme literatura que deles faz uso.

Primeiramente, focarei nos conceitos de dano potencial (*hazard*), vulnerabilidade, risco, ameaça e resiliência. Em seguida, eles serão articulados com os conceitos de adaptação, mitigação e precaução. Na medida em que parece muito bem estabelecido que a mudança climática atual é, pelo menos em grande parte antropogênica, a interpenetração entre "sociedade" e "natureza" é particularmente evidente. Antropoceno e Capitaloceno completam o feixe de categorias aqui analisado, mas apenas o primeiro está presente no léxico globalmente dominante. Além disso, cabe observar desde já que, se inicialmente utilizo os conceitos de "sociedade" e "natureza" de forma convencional, ambos requerem, para serem devidamente tratados, uma análise mais aprofundada. Isso será feito em uma seção posterior, uma vez que a própria existência desses dois universos separados deve ser questionada, levando-nos aos limites modernos do tema. Portanto, partiremos de conceitos mais específicos e passaremos a conceitos mais gerais ao longo do texto[24]. Ele conecta e confere uma forte inflexão às discussões sobre o meio ambiente, destacando os efeitos da intervenção humana no mundo "natural" em toda a sua

24. O conceito de "desenvolvimento sustentável", agora um tanto fora de moda, mas que aparece nas discussões e documentos da ONU/IPCC, também poderia ser incluído aqui, com seu acoplamento tenso e instável. Foi analisado em detalhes em Nobre e Amazonas, 2002. Veja também, para visões muito recentes, Neckel (2020) e Adlof (2020). *Coping* é outro termo que, oriundo da disciplina de desastres, circula nas análises, em geral misturado com adaptação.

complexidade, perspectiva em que o pensamento crítico, de Marx a Gorz, passando pela Escola de Frankfurt, tem insistido, mesmo que as vertentes orientadas para o produtivismo tenham desfrutado de destaque no marxismo e outras correntes socialistas e/ou desenvolvimentistas.

É verdade que a teoria crítica produziu algumas avaliações da mudança climática. Diferentes vertentes, com distintas conexões com as tradições da teoria crítica, deram atenção a diferentes questões. Isso inclui discussões sobre justiça (Parks; Timmons, 2010), o Antropoceno (Angus, 2016b) e o Capitaloceno (Moore, 2014), a extensão e radicalização dos aspectos destrutivos da "dialética do Esclarecimento" (Görg, 2016) e "catastrofismo emancipatório" (Beck, 2016); sobre como o conceito de "governamentalidade" de Foucault pode ser mobilizado para enfrentar as respostas às mudanças climáticas (Lövbrand *et al.*, 2009) e como uma ética não antropocêntrica pode ser trabalhada a partir das teorias de Adorno e Horkheimer, bem como de Habermas (Cooke, 2020); ou nas próprias definições de "natureza" e "sociedade" (ver o Capítulo 4 deste livro). No entanto, ainda há muito a ser feito. Em particular, ainda falta uma explicação conceitual mais ampla.

É verdade também que existe farta literatura sobre "regimes" — ou "governança" — das mudanças climáticas, especialmente no que diz respeito ao sistema ONU e na literatura do campo das relações internacionais. Aqui, no âmbito da referida abordagem da crítica imanente, pretendo conectá-la não apenas a uma análise do léxico da mudança climática, mas também, como já mencionado, à sociologia política. Eu deverei, assim, combinar duas questões — discurso e poder — que ainda não estão totalmente articuladas na literatura disponível, com ênfase na sua problemática, ainda que parcial, despolitização. Um novo avanço em termos de uma abordagem da teoria crítica deve ser deste modo alcançado.

Dano potencial, risco e ameaça, vulnerabilidade e resiliência

Podemos definir um dano potencial — um perigo iminente — como qualquer fenômeno capaz de causar danos em princípio, não apenas à espécie humana, mas também à "natureza" em geral (Blaikie *et al.*, 1994). Nesse sentido, um dano potencial pode ter, e muitas vezes tem, características materiais e até naturais. Além disso, é assim que esse conceito é geralmente empregado na análise de desastres. No entanto, um dano potencial também pode derivar da intervenção da sociedade na natureza, uma vez que é parcialmente moldada pela ação humana. Nesse sentido, quando falamos em mudança climática, dificilmente é possível separar uma coisa da outra, porquanto reconheçamos elementos antropogênicos entre seus mecanismos causais. Finalmente, um dano potencial pode ser pensado como eminentemente socio-humano, embora nunca prescinda, como tudo na vida social, de um elemento ou base material. De todo modo, o que constitui um dano em uma circunstância social — ou mesmo natural — pode não parecer sê-lo em outro caso ou pode ser grandemente minimizado. É necessário reconstruir a cadeia de causalidade, ou seja, as razões pelas quais se apresenta um dano potencial e as pré-condições em que se encontram os sistemas em questão, que se articulam por causalidades específicas, a curto, médio, longo e até muito longo prazo.

As condições em que o sistema se encontra diante de danos potenciais podem ser chamadas, como usualmente se faz, de vulnerabilidade, que muitas vezes é tomada como algo dado, objetivamente (Adger, 2006; Brooks, 2003; Fussel, 2005; Ribot, 2014). Por outro lado, ela surge, na definição que proponho aqui, do possível impacto que um dano potencial pode ter sobre uma comunidade humana ou natural. Depende de sua constituição e é resultado das relações de poder, assim como da produção e distribuição, do nível de conhecimento sobre si, da vontade política etc. Mas é preciso antes de tudo perguntar quem é vulnerável, como isso acontece e como uma coletividade é vulnerabilizada. Em outras palavras, trata-se de perguntar sobre suas causas, sejam elas mais imediatas ou mais profundas. Além disso, são produzidos e distribuídos recursos para lidar com a vulnerabilidade, incluindo a cadeia de causalidade e as condições dela decorrentes. Pode-se, portanto, dizer que, mais do que dados brutos, a vulnerabilidade também é em grande parte uma construção social, simbolicamente mediada e que inclui um elemento cognitivo, baseando-se na interação entre os agentes, na qual o poder desempenha papel central. Na modernidade, a política é crucial nesse sentido, mas os elementos materiais também são intrínsecos à sua constituição.

O risco pode ser definido como a interseção entre um dano potencial e uma vulnerabilidade que pode ser calculada com precisão ou vagamente (matematicamente e até estatisticamente), muitas vezes envolvendo conflitos (Beck, 1986; 2016; Hammer *et al.*, 2019; bem como o Capítulo 1 deste livro — onde o conceito de risco é discutido com muito mais detalhes, incluindo seu duplo vínculo: objetivo-natural e socialmente construído). Ou seja, o risco depende do grau de vulnerabilidade que qualquer comunidade apresenta. Um risco pode ser pensado como decorrente de causas puramente naturais, mas também pode ser derivado de uma construção social, como perigos e vulnerabilidade, dependendo, portanto, de uma definição que o diferencie de outras possibilidades (o que não constituiria, portanto, um risco). É nessa confluência de materialidade e construção social que o risco se desenha. Por sua vez, a ameaça pode ser definida como um risco que se tornou uma realidade concreta. É na realidade concreta que o dano potencial se efetiva, causando danos efetivos. Isso é, em parte, mais ou menos profundo dependendo do grau de vulnerabilidade que um sistema qualquer apresente.

Por fim, resiliência — conceito que surgiu na engenharia para definir a capacidade de resposta a um estressor — refere-se a como sistemas com diferentes graus de vulnerabilidade respondem a um impacto (Proag, 2014; Olsson *et al.*, 2015). Ou seja, refere-se a se, em que medida e como eles resistem ao estresse, sofrendo maior ou menor dano e voltando mais ou menos rapidamente a seu estado anterior — se é que o fazem — ou mesmo melhorando sua performance. Contudo, é mais adequado assumir a resiliência, obviamente, como uma construção social, dependente do poder, de relações de produção e distribuição, do nível de conhecimento e da vontade política, à semelhança de perigos, riscos e vulnerabilidades, como indicado anteriormente (Iwama *et al.*, 2016).

A definição concreta e as avaliações específicas de todas essas noções também dependem de vieses, de conflitos e dos objetivos de diferentes agentes. Para clarificar essas noções, vejamos brevemente um exemplo recente crucial (explorado nos primeiros capítulos deste livro). A pandemia do coronavírus/COVID-19 surgiu como um dano potencial que compreendia um risco que, por sua vez, dependia da vulnerabilidade da população mundial e de cada país, natural e socialmente constituída. Por isso, embora ninguém soubesse qual organismo poderia gerar infecções em escala global, a Organização Mundial da Saúde (OMS) solicitou uma preparação (*preparedness*) sistemática diante de possíveis pandemias. Como se espalhou de forma incontrolável, o coronavírus tornou-se uma ameaça para as populações nacionais e mundiais. Isso aconteceu em grande medida porque a preparação para uma pandemia foi falha e insuficiente, bem como porque o desenvolvimento e aplicação de medidas a nível nacional aconteceu de forma desigual. Além disso, a maioria dos sistemas de saúde não estava totalmente preparado. De fato, os sistemas de saúde, juntamente com outros fatores de diferentes ordens, definem hoje a resiliência das sociedades nacionais e globais frente a essa pandemia. A falta de preparação global levou a uma maior vulnerabilidade, mas essa também foi distribuída de forma desigual. Essa discrepância deveu-se a condições anteriores, socialmente articuladas por causalidades específicas, a curto, médio, longo e muito longo prazo, incluindo as relações entre países, aumentando ou diminuindo os níveis de resiliência.

É preciso enfatizar que um "desastre" como a pandemia do coronavírus/COVID-19, embora suas causas possam ser em grande parte impossíveis de controlar, desdobra-se a partir de decisões políticas, tanto anteriores quanto posteriores ao evento. Ela mobiliza uma ampla gama de questões e conflitos sociais, gerando condições sociais, em sentido amplo, a partir das quais ela e seu impacto evoluem, dependendo de condições sociais — a princípio, econômicas e políticas, em sentido lato — que a ampliam ou minimizam. O mesmo é verdade em relação a todos os aspectos da mudança climática, ainda mais porque ela contém um alto grau de causas antrópicas. A política e a sociedade em geral lhe são intrínsecas, assim como as soluções propostas para lidar com ela e as disrupções que certamente causará.

Mitigação, adaptação e precaução

Outros conceitos fundamentais do imaginário e do vasto campo de estudos e políticas públicas que têm avançado frente à mudança climática não podem senão se conectar a esses conceitos aparentemente mais técnicos e neutros. É o caso do princípio da precaução (Jonas, 1984), bem como, mais recentemente, da mitigação e adaptação, que tem um longo percurso, particularmente no domínio da resposta a catástrofes (Giddens, 2009, cap. 7; Fuller, 2013; Pelling, 2011; Basset; Fogleman, 2013). É necessário politizá-los, reconhecendo as suas raízes na economia política, no funcionamento dos sistemas políticos, nas políticas públicas e nas opções sociais e civilizatórias que fazemos. Nenhum deles é neutro em formulação ou aplicação. É possível se adaptar a um risco ou ameaça enfrentando seus efeitos. Mas talvez seja possível mudar as condições sob as quais esses sistemas operam de modo que a vulnerabilidade diminua ou mesmo seja definida de forma bastante diferente.

Se a mitigação costuma ser definida como a redução da emissão de gases de efeito estufa (GEE) — como dióxido de carbono, metano e outros — na atmosfera, de modo a reduzir sua concentração ou retardar seu crescimento, bem como promover a captura de carbono que de outra forma seria liberado nela, um esforço tem sido feito para reduzir o risco — e reduzir a ameaça. Se falamos de adaptação como a redução da vulnerabilidade frente à mudança climática, ou seja, os desastres a ela associados, o conceito depende da redução de riscos e ameaças[25]. Isso também diz respeito ao aumento da resiliência, com o fortalecimento daqueles que sofrem em condições de vulnerabilidade, com mais oportunidades possivelmente se desenvolvendo. Como ambos são alcançados, quais agentes, quais custos, quais relações causais devem ser enfrentadas e alteradas, são questões políticas que não podem ser substituídas por perspectivas neutras. Elas nunca se limitam a questões técnicas, que podem servir a propósitos conservadores. Isso implica que a adaptação é feita sem alterar profundamente as condições dos sistemas que devem se adaptar. Ou seja, nesta última perspectiva reduz-se a vulnerabilidade e aumenta-se a resiliência sem alterar os parâmetros sob os quais o sistema opera, sem basicamente alterar, portanto, suas condições de existência no momento de sua exposição a potenciais perigos, riscos e ameaças.

Mas mudanças mais profundas nas condições de funcionamento desses sistemas podem envolver em adaptações mais profundas, o que envolveria também questões relacionadas à justiça — aos arranjos pelos quais eles existem e se reproduzem. Tal abordagem contrasta com as concepções dominantes oriundas da área de engenharia de desastres, que, apesar de críticas, foi basicamente absorvida pelo IPCC. Estas concepções implicam "ajuste" (sem alterar os parâmetros) e,

25. Também é possível incluir a mitigação na adaptação e esta, por sua vez, no conceito de vulnerabilidade, como uma capacidade mobilizável diante de um potencial dano, risco ou ameaça.

possivelmente, melhor funcionamento dos sistemas, de acordo com o modelo "estímulo-resposta". Existem muitas variedades de adaptação, incluindo sua definição como prevenção, tolerância ou compartilhamento de perdas, mudança de uso, atividade ou localização, ou ainda restauração de um estado anterior, antecipatório, autônomo, espontâneo ou planejado, considerado como capacidade dada ou como adaptabilidade futura. No entanto, uma maior contextualização e perspectivas transformadoras em geral estão excluídas do debate[26].

Além disso, embora a mudança climática pareça incontestável, suas causas e magnitude são difíceis de determinar (como argumentam os céticos de diferentes matizes, diferentemente dos negacionistas absolutos). É assim inevitável recorrer ao princípio da precaução. Ele abriga em seu cerne o conceito de responsabilidade, neste caso com ênfase na responsabilidade coletiva, que inclui, mas ultrapassa, uma perspectiva legal (Domingues, 2002, caps. 9-11). A ideia de que o princípio da precaução deve ser abandonado porque tudo — qualquer ação — implica risco (Giddens, 2009, pp. 57-61) parece desconsiderar que quais riscos são selecionados e como eles são enfrentados depende diretamente de como são avaliados e como são contabilizados os custos de mitigação e adaptação. Não há critérios puramente técnicos para definir tais riscos, pois eles dizem respeito em particular a coletividades sociais e naturais variadas e multifacetadas. De qualquer forma, o problema geral é claro: a mudança climática — em grande parte derivada do dano potencial: a emissão de GEE e sua permanência na atmosfera — se coloca como risco e ameaça, implicando vulnerabilidades (coletividades tornadas vulneráveis) e resiliência (com as adaptações que a facultam e/ou ampliam), constituindo

26. Basset e Fogelman (2013) propõem uma tipologia para as definições de adaptação: de ajuste, que é fundamentalmente a do IPCC e atinge, em termos do maior número de artigos que analisam, 70% de prevalência; o reformista, com 27%; e os transformadores, com apenas 3%. Eles se baseiam em Pelling (2011), que fala de adaptação como resiliência, transição e transformação.

um problema social, econômico e politicamente determinado. Isso é verdade tanto em relação a sua gênese quanto a seus resultados. De qualquer forma, seria melhor prevenir ou mitigar do que remediar a mudança climática ou se adaptar a ela. Isso, claro, envolve o controle da emissão de GEE.

Assim, se a adaptação se concentra em "proteger a sociedade da natureza" (na verdade, dos efeitos da mudança climática que é em grande medida humana e socialmente produzida), a mitigação também é projetada, embora não exclusivamente, para "proteger a natureza da sociedade" (Stehr; Storch, 2005; ver também Görg, 2010, pp. 349-52). A mitigação é, como tal, uma forma de "proteção" da própria sociedade, não sendo possível opor estas duas estratégias de forma dicotômica, embora seus princípios de funcionamento sejam algo diferentes. Ao contrário, elas são complementares. A aposta na mitigação também não implica ver a "natureza" como intocada; pelo contrário, é o nosso entrelaçamento prático com ela que nos chama à responsabilidade, seja pela sua proteção ou pela proteção da "sociedade".

Antropoceno e Capitaloceno, natureza e sociedade

Como já argumentado, é amplamente aceito, se não unânime no campo dos estudos e políticas sobre mudança climática, que tal fenômeno resulta, pelo menos em grande parte, da ação humana. Em geral — e de acordo com a ONU e o IPCC — vem se desenvolvendo desde meados do século XVIII, como resultado da Revolução Industrial, do uso de combustíveis fósseis e do crescimento populacional. O aquecimento global, juntamente com outros fenômenos como a acidificação dos oceanos e a extinção em massa de espécies em curso, evidencia a causalidade antropogênica. A nova era geológica que se inicia, caracterizada sobretudo pelo aquecimento global, pode e deve, portanto, ser definida como Antropoceno, neologismo originalmente inventado pelo químico holandês Paul Crutzen. O Antropoceno se referiria, como denota sua formulação abrangente, à humanidade como um todo, em um determinado estágio da história — com a indústria, os combustíveis fósseis e o crescimento populacional, ou seja, o impacto humano no "sistema terra". Mas a questão não é tão simples (Chakrabarty, 2021, cap. 1). Se, de fato, uma mudança importante pode ser localizada naquela conjuntura histórica, não seria apenas a industrialização — como em uma formulação durkheimiana — e sua ampliação pelo uso do carvão e do petróleo que seriam responsáveis pelo fenômeno. Ou melhor, essa industrialização e uso de combustíveis fósseis seria obra e responsabilidade da burguesia ocidental, que se beneficiou e se beneficia disso. Os pobres, os trabalhadores e os condenados da terra não teriam nada a ver com isso, ou pelo menos estão subordinados aos desígnios e lucros dessa burguesia. Não haveria um Antropoceno genérico, mas sim um Capitaloceno, em que o impulso incessante da acumulação capitalista implicaria uma intervenção contínua e de fato crescente na natureza (ou a constituição simultânea da natureza e da sociedade por meio do capitalismo, dialeticamente) (Moore, 2014; Svampa, 2019). Alguns autores, seguindo Rosa Luxemburgo, chegariam a ver a natureza (principalmente as matérias-primas) como necessária para a acumulação do capital, como um elemento externo, crucial para que ele mantenha sua lucratividade diante da crescente participação do "trabalho morto" em sua "composição orgânica". Outros ainda (incluindo Crutzen) podem reconhecer o capitalismo, mas preferem enfatizar a "Grande Aceleração" desde 1950, no que diz respeito ao crescimento econômico e populacional. A primeira ocorreu principalmente em países "desenvolvidos" ("OCDE"), a segunda nos países economicamente mais frágeis ("não-OCDE") (Steffen *et al.*, 2011; 2015). Isso deve, é claro, incluir os velhos países do "socialismo verdadeiramente existente" (enquanto eles existiam, como um sistema específico de poder, o coletivismo autoritário) com a importância dos "BRICS" (a China capitalista de Estado à frente) agora aumentando (Domingues, 2022c).

Não há razão para discordar dessa particularização da cadeia causal que leva à mudança climática hoje com referência ao capitalismo e às "burguesias" (e o que quer que as suceda em termos de propriedade e gestão). Mas ela também é redutora. Se há pulsão de acumulação, se há consumismo e se os ricos e abastados do Ocidente estabelecem padrões de vida que são adotados em escala cada vez mais global, principalmente na Ásia, o processo é mais longo e envolve a espécie como um todo. Isso abrange tanto o passado, em sua busca do bem-estar e dominação da natureza, quanto o presente e talvez o futuro, já que esse padrão de vida consumista se espalhou pelo mundo, ainda que não de forma absoluta. De qualquer forma, o bem-estar é uma demanda de todos os seres humanos e não deixará de ser perseguido. Obviamente, o que o bem-estar representa é questão aberta e não precisa espelhar o imaginário, os desejos e as práticas de consumo que caracterizam as pessoas mais ricas do mundo. Além disso, o capitalismo não é eterno: embora não possamos ter certeza de que isso ocorrerá, pode ser substituído por um sistema que envolva menos destruição, desenvolvimento sustentável de fato e crescimento que pode ser menos intenso e depender de outros tipos de tecnologia e intervenções na natureza (seja de um estilo mais "tradicional" — que, no entanto, não pode abrir mão da ciência e da tecnologia —, ou decidida e orgulhosamente moderno).

Em todo o caso, é a espécie humana que está envolvida nesse processo de longa duração, levado a cabo segundo valores e objetivos diversos, bem como atravessado por inúmeros conflitos, muitas vezes sem um objetivo claro à vista e geralmente com consequências não intencionais de longo alcance. Se é preciso atentar para as diferenciações e unidades, nacionais e globais, da humanidade latitudinalmente (em termos de classes, raças, etnias, gêneros, países e regiões), o mesmo é verdade longitudinalmente (no desenvolvimento da espécie humana, que terminou por convergir na modernidade)

(Domingues, 2022b). Além disso, se é possível transformar radicalmente a relação potencialmente muito destrutiva entre a sociedade e a natureza, a espécie humana e seu meio ambiente, nada nos diz que o capitalismo não possa usar a crise ambiental, em particular a mudança climática, em seu próprio benefício e em seu processo de acumulação. Se o capitalismo superou problemas que pareciam insolúveis, ele também poderia superar esse, mobilizando-o a seu favor (Gorz, [1974] 2010). Pode-se até imaginar que o capital seja capaz de usar em seu benefício o desequilíbrio que ele próprio gera no "metabolismo" entre "sociedade" e "natureza" (Marx, [1867] 1962).

Todavia, o IPCC permanece alheio a isso, para não mencionar a ONU mais diretamente. Não extrapolaria o quadro do liberalismo social se eles adotassem uma definição de Antropoceno com um viés um pouco menos tecnocrático, com mais atenção às causas e aos seus efeitos sociais. Em outras palavras, além da pobreza que as agências internacionais consideram um problema a ser remediado e administrado, a ONU e o IPCC estão preocupados com os "pobres" frente à mudança climática (IPCC, 2014). Ademais, essa é uma preocupação inclusive de grande parte da literatura que apoia elementos críticos em relação aos discursos dominantes e confere à discussão um caráter social e político. Os conceitos discutidos acima são marcados por esse vínculo, mesmo quando os mais vulneráveis são vistos como vulnerabilizados pelas relações sociais e a questão da adaptação e da resiliência leva isso em consideração, com demandas de sensibilidade e, com uma abordagem específica para aqueles que são, em princípio, mais frágeis, de equidade (mas não igualdade) na abordagem do tema. A discussão global e sobretudo a mais oficial não pode ir muito mais longe sem que haja uma verdadeira politização do conceito nesses enquadramentos. Para nossos propósitos aqui, basta levantar a questão.

Finalmente, a distinção entre "sociedade" e "natureza" está na base de todas as discussões sobre a mudança climática. É um elemento central no imaginário moderno hegemônico, embora nessa fase híbrida, com a objetivação daquela última no que diz respeito à economia — que é crucial para o capitalismo — e à política — em que a sociedade é considerada um agente, pelo menos em parte, intencional vis-à-vis a natureza, que aparece como unicamente e sempre como paciente. Há muitas críticas a essa perspectiva, mas ela está profundamente enraizada e só será superada com mudanças de muito longo prazo, levando a uma nova civilização. De fato, tal como a mudança climática, o aprofundamento da intervenção humana na natureza — a nossa capacidade de afetá-la — apresenta-se como uma tendência muito forte no mundo contemporâneo. Em que direção é a questão principal. A civilização se tornará mais destrutiva ou mais amigável, avançará de forma mais conservadora, reconstrutiva ou restauradora? A teoria crítica não foi capaz de apresentar uma visão verdadeiramente alternativa. Em todo o caso, há que se ter em mente que isso deve ser feito através da crítica imanente a essa civilização moderna, ainda que, tomados ecumenicamente, outros aspectos civilizacionais, entretanto já incorporados na modernidade, possam ter um papel a desempenhar nesta aventura.

Afora os devaneios de comunicação com a natureza como sujeito ou de sua ressurreição romântica (como nas abordagens de outros membros da Escola de Frankfurt, como Marcuse), apenas Adorno ([1966] 1980, pp. 193 e 285) sugeriu um caminho que romperia com o logocentrismo da concepção unificada e abstrata de "natureza", pluralizando-a e também a relação que a espécie humana mantém com ela, para além da ideia de "objeto" (*Objekt*). O próprio Adorno propôs essa mudança no quadro da dialética negativa, portanto sem se permitir ir muito além. Por outro lado, existe o perigo de que, com essa pluralização, se perca o foco unitário da luta política ambiental. Essa é uma questão a ser considerada, mas não tentarei propor uma resposta aqui (ver, porém, o Capítulo 6 mais adiante). Independentemente de como lidamos com isso, vale ressaltar que no léxico da mudança climática a separação entre "sociedade" e "natureza" é um fundamento imaginário. Elas aparecem como conceitos fixos e aparentemente eternos, organizando a modernidade e tudo o que dizemos sobre o mundo dentro de sua estrutura — pelo menos até muito recentemente.

Léxico e poder

Na literatura sobre relações internacionais, os conceitos de "regime" ou "governança" têm sido geralmente empregados para enquadrar conceitualmente os acordos e as políticas no plano global. Isso inclui organizações internacionais, como a ONU e o IPCC, que tratam do clima, bem como governos nacionais, organizações não governamentais (ONGs) e corporações (lembrando aqui que as empresas têm assento no IPCC) (Keohane; Victor, 2010; Chasek *et al.*, 2017, pp. 2oss; Sprint; Luterbacher, 2018). Muito se tem escrito sobre a complexidade, dinâmica complicada e fragmentação desse regime, entre outras questões. Podemos chegar à conclusão de que existe um cisma irremediável entre acordos e políticas internacionais relativas às mudanças climáticas (difíceis de consolidar e dependentes de muitas negociações, mas sempre levando a resultados parciais) e interesses e valores, bem como competição geopolítica e correlações de força globais. Podemos pensar, porém, que, apesar de todos os problemas e impasses, o processo avançou e pode avançar no sentido de abordar com seriedade os problemas que nos afligem (Dahan, 2016). No entanto, é importante trazer à tona e se opor à "despolitização" do debate e do léxico que examinamos anteriormente, que é de fato sustentado por questões e escolhas políticas, apesar de seu aparente tecnicismo (ver, por exemplo, para outras questões correlatas, seja abarcando ou referindo-se ao meio ambiente, os seguintes autores, embora apenas os últimos tratem, superficialmente, da mudança climática: Petiteville, 2018; Maertens; Parizet, 2017; Louis; Maertens, 2021).

No caso do regime das alterações climáticas da ONU, a monopolização, o recurso a agentes especializados e a neutralidade podem ser vistos como os elementos marcantes desse processo de despolitização. O IPCC destaca-se no recurso a agentes especializados, experts científicos, embora também se baseie nas outras duas. O que ele faz pode muito bem ser apelidado de "conhecimento consensual" — "ciência normal", *mainstream*, em termos kuhnianos, portanto, descartando visões divergentes, sejam céticas ou catastrofistas (Shackley, 1997; Urry, 2011, caps. 1-3, 6-7). Não precisamos concordar com nenhuma dessas outras duas perspectivas para reconhecer como as concepções dominantes e mais gradualistas do IPCC são defendidas. No fundo todas elas encerram algum grau de incerteza, devido ao caráter da pesquisa que realizam (especialmente no que diz respeito à modelação do clima em sistemas abertos, com fórmulas matemáticas complicadas e variáveis desconhecidas), conquanto fosse incorreto não reconhecer a profundidade das pesquisas e análises do IPCC.

Gostaria de salientar que não afirmo que todo o debate seja totalmente despolitizado, apesar da tentativa de estabelecer um enquadramento que subsume todas as outras questões como relativamente sem importância ou subordinadas a ele (Swyngedouw, 2010). Pelo contrário, mesmo o sistema da ONU não consegue completar com sucesso essas manobras despolitizadoras. De uma forma ou de outra, a sociedade global está bastante ciente do problema e tem se engajado com diferentes alternativas. Urry (2011, pp. 88-94) estava, portanto, correto quando evitou a tese geral da despolitização por meio do discurso da mudança climática. Movimentos sociais, ONGs, imprensa, cientistas e cidadãos comuns têm sido parte integrante de um debate público sobre o tema. Mas aquelas operações prosseguem e visam subtrair os elementos políticos inevitáveis e absolutamente centrais da questão, procedimento que, por outro lado, influencia fortemente a discussão.

É necessário, portanto, aprofundar as bases desse processo de despolitização parcial e avançar no entendimento de sua constituição social, incluindo seus aspectos conflitantes. Isso já foi feito em parte com a demanda política de que aqueles que poluíram e poluem globalmente paguem mais por soluções (em conexão com o princípio de justiça do poluidor-pagador — Okereke; Coventry, 2016). Essa é, porém, evidentemente apenas uma faceta da questão (ver, por exemplo, Jamieson, 2005). Isso deve nos levar, em particular, para além da boa vontade, sobretudo para além do liberalismo social e das estratégias "verdes" de grandes corporações internacionais. Esses agentes já utilizam amplamente esse vocabulário, subordinando-o a seus próprios interesses e imperativos (Wright; Nyberg, 2015).

Uma consideração adicional deve ser acrescentada sobre o papel do poder na conformação do léxico da mudança climática, especialmente no que diz respeito ao papel do IPCC e do sistema ONU em geral. Como vimos, algumas dessas categorias têm uma longa história, surgindo como parte integrante da modernidade (notadamente, "sociedade" e "natureza"). Elas podem, portanto, ser facilmente conectadas ao surgimento da burguesia, embora o desenvolvimento de tal imaginário remonte a períodos ainda anteriores (antiga Israel, "Europa" medieval). As categorias mais específicas tecidas em torno da mudança climática são, obviamente, de elaboração mais recente. Elas refletem a dinâmica de poder do sistema ONU e suas conexões e funções globais. Quais são elas?

Podemos apontar aqui para uma "comunidade epistêmica" (Haas, 1992) como responsável por sua elaboração e mudanças de sentido. No entanto, também é correto vê-las como parcialmente dependentes (como "agentes" de "diretores") dos estados-nação que criaram, financiam e dirigem direta ou indiretamente a organização na qual aqueles agentes estão inseridos, embora também tenham suas próprias agendas e dinâmicas, bem como um horizonte discursivo e hermenêutico (Barnett; Finnemore, 2004, pp. 4 e 22-23). Deve-se considerar, ademais, a colaboração com grandes corporações, incluindo o "pacto social" do qual participam dentro da própria ONU (Murphy, 2018), junto com algum impacto de agentes societais nos órgãos oficiais de representação e administração desta última. Isso acontece dentro do que pode ser chamado de "sistema político societal global" e "sistema político paraestatal global" (Domingues, [2019] 2021, cap. 9), do qual a ONU e cada vez mais o IPCC são componentes cruciais. Os delegados dos estados têm, de fato, a voz mais forte na revisão dos relatórios do IPCC antes de sua divulgação (Shackley, 1997), embora as ONGs e a indústria também tenham um lugar na modelagem dessas reuniões, e a despeito da maior relevância que cidadãos e a opinião pública global alcançaram em relação à mudança climática (Tosun; Schoenefeld, 2017). Se os representantes dos estados ficarem realmente incomodados com as posições de alguns desses órgãos, podem exercer poder de veto, interromper o financiamento ou simplesmente abandoná-los, como os Estados Unidos sob o presidente Donald Trump, por exemplo, fizeram com relação ao protocolo de Kyoto. Além disso, é mister sempre levar em consideração as ligações entre estados e empresas, bem como com outros agentes societais, no âmbito de seus sistemas políticos nacionais e por outras vias (Domingues, [2019] 2021, cap. 4), o que afeta o seu posicionamento perante os diversos programas e agências da ONU.

Assim, o IPCC inevitavelmente se posiciona na "fronteira" mutável entre ciência e política (Beck; Mahony, 2018). Tem que "trabalhar" essa fronteira. Na prática, opera dentro de um conjunto de restrições que definem sua margem de manobra quando se trata de avaliações, e mais ainda quando se trata de políticas práticas. Ao mesmo tempo, o IPCC precisa ter cuidado para manter sua credibilidade como órgão científico. Em outras palavras, não devemos perder de vista nem os vínculos nem a relativa autonomia do sistema ONU em relação aos estados e agentes societais quando discutimos as políticas relativas à mudança climática e ao léxico entrelaçado com elas. Além disso, uma ideia mais geral de "hegemonia", no sentido gramsciano, deve ser aplicada, estabelecendo o quanto de margem existe para a emergência de possibilidades do discurso e política da mudança climática, como Cox (1983) observou de forma mais geral há algumas décadas. Trata-se especificamente da reprodução da dimensão política tradicionalmente moderna e do capitalismo, com sua implacável pulsão de acumulação, que o IPCC e a comunidade epistêmica que ele organiza nunca questionaram (Foster, 2019). A rigor, isso se situaria para além de seu mandato dentro do sistema da ONU.

Conclusão

Este capítulo abordou o léxico da mudança climática com a perspectiva de uma crítica que percorre os conceitos centrais das formulações predominantes e amiúde oficiais, e como eles estão inseridos nas relações sociais, enfatizando a questão do poder, bem como interesses específicos, no plano global. O engajamento crítico com o tema tem sido limitado, porém, a conceitos mais específicos, ao passo que o aspecto institucional não tem sido abordado sistematicamente. Eu tentei remediar isso aqui.

A fronteira entre política e ciência é complicada no que diz respeito às mudanças climáticas, uma vez que os cientistas dificilmente podem agradar a ambos os campos, sendo o primeiro particularmente carregado de tensões. Uma suposta falta de transparência do IPCC também esteve em jogo (Carr; Rubenstein, 2010). Além disso, as críticas dos principais cientistas e da mídia têm sido dirigidas principalmente aos céticos e negacionistas, que de fato estão muitas vezes ligados ao petróleo, ao carvão e a empresas e setores antigos e muito poluentes, bem como financiados por fundações extremamente conservadoras nos Estados Unidos (Brulle, 2014). Todavia, convém também ter em mente que o léxico e certamente as políticas que hoje são globalmente hegemônicas encontram seus limites no que é aceitável no sistema da ONU e para as forças que o sustentam, a saber, as corporações capitalistas, o sistema financeiro global e os estados-nação. Não há neutralidade científica aqui; a política é inescapável, decorrente de como o poder, a influência e as relações gerais de força são articuladas.

Como mencionado acima, os relatórios do IPCC incluíram mais recentemente as ciências sociais e algum nível de reconhecimento de questões políticas, embora, por exemplo, sua economia política dependa fortemente da economia neoclássica conservadora[27]. Essa mudança permanece, porém, muito limitada e é principalmente acrítica frente aos arranjos sociais reais. Embora diretamente conectado ao poder e aos interesses dos estados-nação e das corporações, essa configuração também abrange a comunidade epistêmica dominante da mudança climática. Isso revela uma hegemonia verdadeiramente global, embora existam outras vertentes que contemplam uma visão mais crítica de tais fenômenos. Uma crítica de como o mundo está organizado e como ele impacta o "sistema terra" e seu clima pode ser realizada tanto por meio do conceito de Capitaloceno quanto mesmo dentro do conceito mais geral de Antropoceno, já que esse último contém, em princípio, maior potencial crítico, especialmente se levado além de sua análise social bastante limitada (mais, a meu ver, do que o conceito não tão rigoroso e orientado para a mudança climática de Capitaloceno) (Angus, 2016b). Mas, para dar esse passo, seria necessário que se aprofundasse nos processos sociais que subjazem à mudança climática. De qualquer forma, alterar o léxico implica também mudar as relações de poder e desenvolver lutas e mobilizações sociais em direção a uma perspectiva mais crítica e transformadora.

É possível encarar a questão do clima com perspectivas que não se choquem com os projetos e vocabulários dominantes — o léxico que examinamos aqui e suas derivações? Acredito que isso seja possível apenas em parte. Tais perspectivas podem desempenhar um papel efetivo, mas podem não levar a mudanças mais profundas em vários aspectos. Afinal, os estados-nação e o capitalismo, além de promoverem alternativas social-liberais ou mesmo um *New Deal* social-democrata verde, podem fornecer soluções, ao menos parciais, para a

---

27. Tudo o que foi dito até agora também se aplica ao famoso Relatório Stern (Stern, 2007), com sua preocupação com a mitigação e a adaptação, os "pobres" e a ocultação de conflitos, bem como a mera sugestão de "construir apoio" para essas duas perspectivas. A economia neoclássica (sem um pingo de economia política) e uma perspectiva tecnocrática são seus pilares.

crise ambiental e para a mudança climática. Tentei aqui, preliminarmente, começar a olhar para como essas noções ou conceitos polissêmicos são estruturados, localizando seus fundamentos relacionados ao poder. Eu os critiquei e depois desenvolvi como alguém poderia pensar positivamente, superando essas perspectivas, sem ilusões de mudanças civilizacionais radicais imediatas, mas visando-as a longo prazo, embora de forma mais implícita.

Não faria sentido esperar que o mundo mudasse completamente antes de propor elaborações teóricas. Talvez se abra um caminho para a teoria crítica em relação à enorme literatura sobre mudança climática. Uma abordagem imanente é um ponto de partida, mas não precisamos parar por aí. Não é impossível articular um compromisso com mudanças mais profundas e avançar rumo a uma transformação mais radical das sociedades contemporâneas, embora a mudança climática e seu tratamento emergencial estejam ligados sobretudo a estratégias para mitigar as emissões de GEE e adaptar a sociedade a ela (Parenti, 2013). A tarefa que finalmente se delineia é como articular esses dois prazos, o imediato e o da longa duração, sem ficar paralisado ou simplesmente abraçar mudanças restritas.

CAPÍTULO 6

TEORIA CRÍTICA E MUDANÇA CLIMÁTICA: SUBJETIVIDADE COLETIVA, EVOLUÇÃO E MODERNIDADE

Publicado originalmente, no que se propôs como número especial da revista, editado por mim e Marco Antonio dos Santos Teixeira, no *International Journal of Politics, Culture and Society* (37 [2023] 2024, p. 16-29).

Introdução

A mudança climática é onipresente hoje em dia. Ela está na mídia e nas eleições e já é pervasiva na vida cotidiana. Já existe mesmo um regime internacional da mudança climática (ou sistema de "governança") centrado no sistema ONU e, dentro dele, o IPCC, com uma mistura de agentes científicos, políticos e do mercado (como visto no Capítulo 5).

A sociologia tem demonstrado estar um tanto perplexa em face à mudança climática, ainda que a sociologia ambiental tenha acumulado conhecimento sobre o impacto humano sobre a "natureza" que poderia ter possibilitado discussões incisivas. As contribuições da sociologia têm sido destacadamente empíricas, o mesmo ocorrendo com a ciência política, em geral interessada em arranjos institucionais e no regime climático, em contraste relativo com os debates sobre a "natureza" na antropologia. Até mesmo Giddens (2009) declinou de uma abordagem teórica, o que ligeiramente influenciou a contribuição de Urry (2011), enquanto Beck basicamente atualizou sua (parcialmente construtivista) teoria do risco com relação à mudança climática, sem uma elaboração adicional. O construtivismo radical, por sua vez, dissolveu a natureza no discurso, no limite negando qualquer elemento material subjacente a ele ou então até mesmo se esquivando da questão (Wynne, 2010; ver Malm, 2018 para fortes críticas). Curiosamente, Adloff (2020a) sublinhou a simbiose entre seres humanos e não humanos, assim como diferentes graus de subjetividade. Mais importante, definições de Antropoceno e Capitaloceno ecoaram de modo parcial as ideias de Durkheim e Marx, respectivamente. Considerando a enormidade do desafio da mudança climática, precisamos, entretanto, fortalecer nosso arsenal teórico e crítico.

No que se segue, quatro passos são dados, relevantes de maneira independente, mas orientados a uma perspectiva integrada: (1) O capítulo introduz o conceito de subjetividade coletiva como abordagem geral à teoria social e sociológica, o que fornece as principais coordenadas para uma teoria dos sistemas sociais com um lugar central para a dimensão material e que supõe a "agência" (*agency*) coletiva. (2) Uma conceitualização da espécie humana com relação à sua evolução multilinear então se apresenta, baseada naquele conceito. (3) Isso permite uma visão da modernidade, em particular do Estado moderno e do capitalismo, em que a evolução da espécie humana e sua organização hoje podem ser contempladas com precisão, especialmente com relação à mudança climática. (4) Uma discussão sobre as respostas à mudança climática conclui o capítulo.

Sistemas sociais, "natureza" e base material

A mudança climática destrói a crença de que o universo social pode ser tomado em isolamento do mundo material; de maneira mais convencional, ela muda parcialmente o foco da "sociedade" para a "natureza". Afinal, a crise atual emerge na imbricação entre a vida social e seu enraizamento no mundo orgânico e físico-químico (assim como potencialmente cósmico). O "sistema terra", como a NASA o tem chamado desde os anos 1960, ganhou centralidade científica e política, integrando elementos inorgânicos e orgânicos, inclusive seres humanos. Em contraste, as ciências sociais, em especial a sociologia, perceberam a "natureza" (explícita ou implicitamente) sobretudo como um elemento externo, relativamente irrelevante para a análise social; ou então lidaram com ela sem muita reflexão, em especial ao falarem de "interesses". Por exemplo, a "natureza" ficou de fora dos processos funcionais do "sistema social" no "esquema AGIL" de Parsons (1966), em que o sistema de "adaptação" mediava com o ambiente natural externo. Por sua vez, apoiando-se em abordagens utilitaristas e respondendo a Marx, Weber ([1920b] 1988) introduziu interesses "ideais", mas também enfatizou os "materiais". Isso tem se alterado (Rose, 2013; Rosa *et al.*, 2021), porém é necessário avançar mais teoricamente.

Se os marxistas, até a década de 1970, basicamente assumiram a "natureza" como dada e consistindo na "infraestrutura" econômica e material da sociedade, embora tenham por vezes se preocupado com a proteção ambiental (baseados, por exemplo, em Marx [1859] 1961 e [1867] 1962), a Escola de Frankfurt esteve predominantemente atenta à sua dominação pela espécie humana por meio do "logocentrismo" que a reduziu a uma universalidade abstrata para então subsumi-la violentamente, enquanto esperava por uma eventual "reconciliação" ou sua "ressurreição" (Adorno e Horkheimer, [1944] 1984; Marcuse, 1972; 1974). Caminhando em direção oposta, Habermas (1968; 1981) entendeu a intervenção da sociedade sobre a natureza como um problema "cognitivo" (objetivo), cujo desenvolvimento evolutivo se desdobrou em paralelo com as dimensões "morais" (normativas, comunicativas) e subjetivas constituídas autonomamente. Lentamente, de início, a situação foi se modificando. A ideia de uma "dupla contradição" opondo capitalismo e "natureza" (O'Connor, 1991a) sugeriu uma perspectiva renovada, colocando ao lado da exploração do trabalho a degradação da natureza. A retomada da sugestão de Marx de que há um "metabolismo" entre a espécie humana e a natureza também se tornou um tópico relevante, assim como sua visão um tanto oculta sobre a última, com sua preocupação tardia com a forma como o capitalismo interfere sobre ela igualmente recebendo atenção (pioneiramente em Schmidt [1962] 1971; Foster, 2000; Saito, 2017)[28]. Por seu turno, Adorno ([1960] 1980, pp. 193, 285; ver também Cook, 2011, pp. 10-17ss; Cassegård, 2021, cap. 8), em sua "dialética negativa", fez observações relativamente breves, mas importantes, sobre a *multiplicidade* da "matéria" (*Materie*). Adorno ([1969] 2003) também lidou com a relação complexa entre "sujeito" e "objeto", afirmando a "primazia" (*Vorrang*) deste último, com indicações adicionais sobre o papel da "forma" com respeito ao conteúdo em geral, mas também especificamente à "matéria". Um posicionamento logocêntrico e hipostasiante deveria ser rejeitado.

Alguns desenvolvimentos adicionais dessas perspectivas são particularmente relevantes aqui, uma vez que elas já se preocupam com a mudança climática. As questões com que elas lidam retornarão em outros momentos do capítulo. Com seu materialismo crítico, Cassegård estendeu as ideias de Adorno, também se baseando diretamente na conceituação de Marx sobre a forma-mercadoria. A "forma" forneceria "princípios" estruturantes para nossa relação (o "sujeito") com a "matéria" (o "objeto"), ao passo que a "matéria" potencialmente desestabiliza a "forma". Elas são dialética e historicamente constituídas e, ao invés do colapso de sua alteridade, um tipo de "dualismo metodológico" deve ser mantido. Sob o capitalismo, a natureza é reificada com uma forma específica de objetificação, que não é eterna (Cassegård, 2021, pp. 5, 16, 19-22, 163 e 166). Favier (2023) acusou a Escola de Frankfurt de tratar, com a ideia de "dominação da natureza", esta última como sujeito (caso contrário, "dominação" não faria sentido) e de idealismo, porquanto essa formulação seja demasiadamente genérica. Em vez disso, a teoria

28. Para uma revisão completa dos posicionamentos marxistas, ver Castree (2000).

crítica deveria se concentrar em processos reais de produção material. Ademais, o Antropoceno mostra que a natureza não está inteiramente "dominada". Por sua vez, Stevenson (2023) tentou recuperar o compromisso um tanto otimista de Marcuse com os movimentos ambientais para avaliar os protestos contra a mudança climática, em contraste com uma inclinação adorniana mais pessimista (Witlacil, 2022; negada por Cassegård, 2021, pp. 73-79). Finalmente, Cooke (2020) propôs, reunindo elementos menos proeminentes da obra de Adorno e Horkheimer e se amparando em Habermas, uma abordagem epistemologicamente, mas não eticamente, antropocêntrica, com implicações práticas. Seres não humanos desfrutariam de um valor igual ao de humanos. Deveríamos nos preocupar com eles, o que inclui falar e agir em seu nome, apesar de não podermos demandar acesso direto à natureza em nosso conhecimento exclusivamente humano e comunicativamente desenvolvido. No entanto, inevitavelmente separados, sujeito e objeto não precisam ser vistos necessariamente como em uma relação "hostil" (ao contrário do entendimento de Adorno e Horkheimer).

Uma teoria sociológica geral centrada no conceito de *subjetividade coletiva* (Domingues, 1995; 1999, caps. 1-2) pode ajudar com as questões levantadas acima. Como alternativa a teorias funcionalistas e estruturalistas dos sistemas sociais, visões individualistas redutivas e aquelas que sugerem a mera reciprocidade "dialética" entre eles, essa teoria pode ser sintetizada da seguinte maneira: (1) Subjetividades coletivas — ou coletividades, simplesmente — são sistemas sociais compreendidos como sistemas de interação. Essas interações acontecem entre indivíduos, mas também entre coletividades. (2) Coletividades são encontradas em qualquer área da vida social, com diferentes escopos. (3) Embora coletividades não devam ser consideradas "atores" e não devamos supor que elas "agem" ou são constituídas como seres humanos, elas não são passivas — elas se movem, apresentam movimento ou o bloqueiam. (4) Coletividades possuem propriedades que resultam da combinação desses indivíduos e subsistemas (outras coletividades) interiores ou perpendiculares a elas. A despeito de tais propriedades não serem ("metodologicamente") redutíveis ao indivíduo e aos subsistemas, elas também não equivalem a algo maior do que ambos (daí que falar em "propriedades emergentes" seja impreciso). (5) A causalidade coletiva deriva do movimento das coletividades, seu impacto causal coletivo consistindo em uma dessas propriedades. (6) Coletividades têm variáveis níveis de centramento. Eles dependem de sua capacidade de organização (produzida interna ou externamente e atravessada por relações de poder) e autoconsciência, ou seja, autorreconhecimento (o que inclui como elas definem simbolicamente a si mesmas e são definidas por outras). Seus vários níveis de centramento implicam vários níveis de intencionalidade. (7) Coletividades exercem um impacto causal mútuo, uma causalidade coletiva entre cada uma delas e sobre indivíduos considerados singularmente, assim como sobre o mundo material. Tal impacto é responsável, em grande medida, pelos processos e dinâmicas sociais. (8) Coletividades possuem quatro dimensões: simbólica-hermenêutica, material, de poder e espaço-tempo social (construída sobre o espaço-tempo material). O conceito de subjetividade coletiva é então um caminho muito específico para teorizar os sistemas sociais, multidimensional e que se ocupa da "agência" para além da ação individual.

Sistemas sociais amplos chamados de "sociedade" (ou "civilização"), eles mesmos grandes subjetividades coletivas, precisam se reproduzir ao intervirem na "natureza" (sua dimensão material interna, nunca externa) de modo a produzir os meios de subsistência e consumo da espécie humana, assim como por meio de relações sexuais que criam novas gerações humanas. Essas *questões existenciais* precisam ser colocadas junto a outras duas: a produção de uma dimensão hermenêutica simbolicamente estruturada, mediada pela linguagem e interpretada cotidianamente, e as relações de poder que atravessam os sistemas sociais, horizontal ou verticalmente (Domingues, 2018, cap. 1). Se a evolução da espécie humana não pode ser reduzida à determinação, mesmo que em "última instância", da "base" material (a interseção dinâmica entre "forças produtivas" e "relações de produção", de acordo com Marx) ela não pode prescindir da "matéria" mais geralmente (relembrando Adorno), com respeito à sua presença pervasiva em todas as coletividades (Domingues, 1999, cap. 4).

Se a matéria — ou *materialidade* — é em alguma medida conformada socialmente, tanto quanto ela conforma a vida social (por meio de imposição hierárquica ou, talvez, uma produção interativa maleável da "forma"), ela nunca é totalmente receptiva às iniciativas dos agentes sociais, uma vez que é irredutível a partir de certo ponto. A materialidade também é múltipla: isso é óbvio no caso de diferentes espécies de seres vivos orgânicos (microrganismos, plantas e animais, com graus variados de subjetividade e intencionalidade — incluindo a espécie humana e seus indivíduos) e seres semivivos (talvez os vírus), mas também no de seres físico-químicos (de átomos a pedras, planetas e constelações). Combinações entre eles, implicando algum tipo de totalidade parcial, compartilham as mesmas características — por exemplo, o "sistema terra". Contudo, os humanos são a única espécie que urde a dimensão simbólico-hermenêutica.

É uma intuição válida das teorias sobre "redes sociotécnicas" que os sistemas sociais são atravessados pela materialidade como dimensão indefectível e proeminente; contudo, elas tendem a perder o foco e a se confundirem em uma teorização frouxa (um estranho esforço pós-aristotélico) sobre "actantes" que misturam seres humanos e diversas materialidades, particularmente dispensando a dimensão simbólica (Callon, 2006; Latour, 2001, pp. 177-198 e 217-218)[29]. É falso atribuir a essas materialidades heterogêneas o mesmo tipo de ação

---

29. Aristóteles (1930; 194; 195a/b) sugeriu que a causação deriva do "movimento" (ou do seu bloqueio) e propôs quatro causalidades: formal, eficiente, final – teleológica – e material (com significados diferentes dos que têm hoje). Na modernidade, sua causa final foi tomada como ação individual intencional, enquanto a causa material ficou em segundo plano, no melhor cenário. O "materialismo histórico" a redescobriu. Dissolver a causalidade aristotélica final e teleológica em uma propriedade obscura de "actantes" não é, porém, uma boa ideia. Precisamos considerar tanto as características gerais quanto as particularidades dos vários tipos de seres, especificando suas diferentes causalidades.

e movimento, logo de causalidade, que caracterizam os indivíduos humanos (que *agem*) ou as coletividades (que se *movem*). Algumas materialidades consistem em fatores causalmente condicionantes da ação e movimento humanos, enquanto outras sustentam graus maiores de subjetividade e intencionalidade (animais, inclusive os humanos, com sua produção simbólico-hermenêutica) (Domingues, 1999, cap. 1). Diferenciações são necessárias para a articulação de uma abordagem precisa e nuançada.

Em suma, a espécie humana como uma subjetividade coletiva constitui um sistema social que inclui uma dimensão material. Ela precisa interagir com outros componentes do mundo material para se reproduzir e evolui com tal materialidade em seu cerne — sem que, no entanto, isso adquira exclusividade ou, necessariamente, proeminência. Os humanos nunca estabeleceram a si próprios como um sujeito unificado e carregado de intencionalidade. Como coletividade, seu nível de centramento tem sido baixo. Fragmentando-se enquanto se dispersava originalmente pelo planeta, os humanos posteriormente se reconheceram cada vez mais como uma única espécie, mas com relação à organização isso tem sido muito limitado e recente. Na verdade, a espécie precisa tornar-se mais centrada, ou então dificilmente estará apta a enfrentar a mudança climática e outras questões globais.

A evolução da espécie humana, capitalismo e mudança climática

O Antropoceno foi inicialmente estabelecido como um conceito científico e ficou popularizado em especial pelo químico e prêmio Nobel Paul Crutzen. Ele se refere, eminentemente, ao aquecimento global, à acidificação dos oceanos e à sexta extinção em massa das espécies.

Tomados conjuntamente, esses processos caracterizam a mudança climática após 10 ou 12 milênios de Holoceno, demandando a definição de uma nova era geológica em que humanos emergiram como uma força geológica até então desconhecida. Acima de um limiar de aquecimento (de 2º, mas possivelmente aumentando até 5º, se não interrompido), o resultado é o desastre. Outros recusaram a atribuição de responsabilidade aos "humanos", culpando males presentes no capitalismo, no "capital" ou na modernidade mais genericamente (Chakrabarty, 2023; Danowski; Viveiros de Castro, [2014] 2016; Malm; Hornborg, 2014). O conceito alternativo de Capitaloceno atiçou ainda mais o debate. O conceito de Antropoceno, basicamente afirmativo da modernidade, precisa ser relacionado a Durkheim, com uma verdadeira afinidade eletiva, visto que a maior parte dos argumentos dessa corrente não derivam diretamente das ciências sociais. O conceito de Capitaloceno é inspirado em Marx e na teoria dos sistemas-mundo.

O conceito de Antropoceno apontou para "o papel central da humanidade na geologia e na ecologia" agora e por um bom tempo pela frente. Ele ainda afirmou que o crescimento populacional, a industrialização e, por fim, o uso disseminado de combustíveis fósseis, têm sido responsáveis pelo aquecimento global e pela mudança climática desde meados do século XIX, com a emissão massiva de gases de efeito estufa (GEE). Em particular, o dióxido de carbono (CO_2) satura a atmosfera, impedindo o calor de se dispersar — outros, como o metano, também produzem efeitos dramaticamente negativos. O "sistema terra" agora opera em um "estado não análogo" com "magnitudes e taxas" de mudança sem precedentes e planetárias (Steffen *et al.*, 2004). De acordo com os proponentes do conceito de Antropoceno, a humanidade sempre impactou seu ambiente (o domínio do fogo inicialmente desempenhando papel importante em sua trajetória particular como espécie) (Crutzen; Stoermer, 2000; Crutzen, 2002; Steffen *et al.*, 2007; 2011; 2015). Ainda assim, eles enfatizaram a "Grande Aceleração" que ocorreu especialmente a partir de meados do século XIX, com o uso disseminado do carvão e, posteriormente, do petróleo. Agora, "países desenvolvidos" (de acordo com a classificação da Organização para a Cooperação e Desenvolvimento Econômico — OCDE) respondem pela maior parte das emissões de GEE, secundados por países "menos desenvolvidos" (Steffen *et al.*, 2015).

Crutzen, Steffen e seus colaboradores indicaram então parcialmente os mecanismos causais que governam a mudança climática: a industrialização, os combustíveis fósseis e o crescimento populacional; contudo, sua caracterização permanece superficial. Se demonstraram alguma intuição sociológica, com a associação entre os fenômenos descritos, eles pararam a meio-caminho na explicação. Indicaram a articulação entre o que Durkheim ([1893] 2013) chamou de "divisão do trabalho social" e a crescente "diferenciação social" da qual a indústria era a expressão principal. Ademais, apontaram para o crescimento da população humana, cuja evolução Durkheim também descrevera linear e homogeneamente, desconsiderando porém as coletividades dominantes em cada período evolucionário. A teoria do Antropoceno é liberal em especial porque, apesar de sugestões elusivas sobre questões de "estilo de vida" (Steffen *et al.*, 2004), ela não vislumbra de fato mudanças fundamentais na sociedade moderna realmente existente, predominantemente liberal ela própria, acompanhada hoje do modelo de capitalismo calcado no Estado-partido. Seu uso da noção abrangente de "humanidade" é também problemático, apesar de sua distinção entre países desenvolvidos e menos desenvolvidos.

De maneira bastante polêmica, Jason Moore apresentou o conceito de Capitaloceno em um trabalho rico e intrincado, mesmo que às vezes impreciso, que não é fácil de sistematizar (e que é então oposto à abordagem do Antropoceno, com suas teses muito condensadas sobre processos sociais). Moore (2014, p. 73) declarou estar alinhado ao "materialismo histórico", mas Braudel e Wallerstein são tão importantes quanto Marx para sua "ecologia-mundo". Violência e coerção "extraeconômica" são chaves em sua narrativa, fundamentando a expansão do mercado global do século XVI em diante. Outros autores, mais propriamente definidos como marxistas, rejeitaram muitas das visões de Moore, principalmente porque ele recusou se engajar com as ciências contemporâneas (precisamente o oposto da *démarche* de Marx com respeito à economia política) (Angus, 2016b), ou porque seu entendimento do capitalismo privilegia o mercado em vez das relações de produção (Altvater, 2016).

De acordo com Moore, o capitalismo é um sistema de produção e comércio que tem como premissa o trabalho "barato" (ou ainda "não remunerado", "extrahumano" ou de humanos não inteiramente considerados como tais). A baratez também caracterizou alimentos, energia e matérias-primas, uma benção que tende a diminuir como fonte de riqueza e suporte ao capitalismo. Preços baixos precisam ser "restaurados ciclicamente" por meio da "apropriação" de áreas ainda não "capitalizadas", levando a novas quedas de preço devido à capitalização, à tecnologia e ao incremento da produtividade do trabalho — mas isso tem limites. A apropriação é tão "produtiva" como atividade quanto a "exploração". Se o capital generaliza a mercantilização, ele depende intrinsecamente da generalização dessas "Quatro Coisas Baratas", ou contribuições "não remuneradas" (Moore, 2014, pp. 14-17, 29, 52ss, 61-64, 69-71, 111ss, 118, 125ff, 165 e 194-95; e, talvez contraditoriamente, 2014, pp. 241, 294-95 e 305; 2016, pp. 79-100, 110).

Para entender esses processos é necessário, de acordo com Moore (2014, pp. 2-7, 18-20, 27-29, 39 e 80-81), superar a separação cartesiana entre "Sociedade" e "Natureza", que não devem ser vistas como substâncias. Em vez disso, deveríamos analisar sua evolução dialética. Com esse fim, ele cunhou o neologismo *oikeios*, tomado do grego antigo: humanos são parte da "natureza" enquanto tal, da "teia de vida" com características cambiantes ao longo da história, apesar da existência de uma "natureza" que é maior e distinta, que dura mais do que o capitalismo e, até mesmo, do que a espécie humana. Surpreendentemente, Moore manteve esses dois polos, agora supostamente conectados de maneira dialética, tratando a "natureza" como entidade externa, apesar de criticar fortemente os cientistas do "pensamento verde" e do "sistema terra" por seu presumido cartesianismo. Nós deveríamos nos preocupar com o modo pelo qual os humanos produzem a natureza, não com o que eles fazem a ela. Por razões similares, Moore rejeitou a tese de que o capitalismo teria aberto uma "ruptura" no metabolismo entre a espécie humana e a natureza (Foster *et al.*, 2010). No entanto, permanece pouco claro se sua visão é problematicamente semelhante aos "actantes" de Latour (discutidos anteriormente), quando este afirma que natureza e sociedade são "agentes". Especialmente desafortunada é sua persistente reificação do "capital", como coisa e agente, em contraste com as operações de desreificação de Marx em *O capital*.

Em vez de falar sobre combustíveis fósseis e da "Grande Aceleração", Moore (2016, pp. 59-60 e 94-95) em certo momento argumentou que a "transformação da paisagem" do século XV evidencia o elemento característico do capitalismo, levando à destruição e degradação da natureza. Essa é uma afirmação espantosa, de fato, sem maiores consequências. Finalmente, Moore (2014, pp. 125 e 291ss) afirmou de maneira consistente que o capitalismo é incapaz de regenerar mesmo que parcialmente o equilíbrio original do "sistema terra" e que ele é ameaçado pela provável impossibilidade de restaurar *inputs* baratos para a acumulação. A crise climática seria, de alguma forma, seu resultado. Todavia, Moore não chegou a elaborar esse tema, que, salvo como oportunidade para uma transformação total, aparentemente não era sua preocupação. Esta é, de fato, a emergência histórica dos "limites" da acumulação do "capital", a suposta crise terminal do capitalismo e a "libertação da humanidade e de nossos vizinhos no planeta Terra" (Moore, 2016, p. 30).

É válido notar que a crítica à separação cartesiana entre "Natureza" e "Sociedade" (ou a uma violenta objetificação baconiana) é um velho tropo no ambientalismo — de maneira incisiva, por exemplo, na ecologia política latino-americana (Leff, 2004). Moore negligenciou isso. Ele também falhou ao não apontar para a cisão cartesiana mais exata entre mente e corpo, com suas consequências epistemológicas, que realmente é dependente da separação entre "natureza" e "sociedade[30]. Note-se ainda que a destruição ou degradação da natureza não pode ser totalmente oposta à (parcial) produção social da "natureza", que Moore identificou corretamente, ainda que por vezes de modo ambíguo. Como ele sugere, em sua multiplicidade ontológica, a "natureza" transcende, no entanto, a dialética que a articula com a espécie humana.

De forma muito interessante, tais processos complexos e multifacetados são, para Moore (2014, pp. 4-5, caps. 5-4), atravessados por tendências de desenvolvimento. Ele apontou para a "tendência de queda do excedente ecológico" (consistindo no "oposto da capitalização da natureza", apesar de que não seria uma "lei de ferro") e para como isso se conecta com o que Marx definiu como a "tendência à queda da taxa de lucro". Para Moore, o neoliberalismo consistiu em uma tentativa desesperada (e fracassada) de baixar o preço do trabalho para superar esse contratempo. Dados, porém, o papel e o futuro que ele atribui às "Quatro Coisas Baratas", é questionável se Moore articulou tais tendências adequadamente. Além disso, apesar da crise climática, o futuro não tem uma conclusão inevitável; e Moore, creio eu, não demonstrou que ela tenha. Qualquer que seja o resultado desses processos no futuro, não é sábio enxergar o capitalismo como condenado devido a problemas materiais, com uma "crise final" mais uma vez surgindo no horizonte.

Na próxima seção, buscarei oferecer algumas formulações conceituais alternativas quanto a essas questões. Começarei com a evolução da espécie humana e então retornarei à análise da acumulação capitalista, sublinhando tendências de desenvolvimento concernentes à mudança climática e à dinâmica política.

---

30. De maneira crítica, Cassegård (2021, cap. 8) argumentou então que, conquanto o "dualismo" não possa ser descartado, ele deve ser transformado em recurso metodológico para além tanto de uma cisão ontológica quanto de qualquer forma de "monismo".

A evolução da espécie humana e as tendências da acumulação capitalista

A evolução da espécie humana e as tendências da acumulação capitalista envolvem processos históricos distintos, com a emergência da espécie sendo mais antiga nas discussões sobre mudança climática. A evolução é um processo de longuíssimo prazo, cobrindo muito mais que qualquer civilização particular; tendências do tipo que Marx identificou no capitalismo se referem, entretanto, a processos de longo prazo, mas mais circunscritos e autocontidos, nos quais os agentes não podem escapar à direcionalidade do desenvolvimento social. Isso acontece basicamente porque eles são capturados por relações competitivas ou conflituais, como vemos em seu trabalho com relação ao capitalismo ou, ainda, porque o imaginário deste reserva pouco espaço para a criação de objetivos ou caminhos alternativos (Domingues, 2024a).

"Humanidade" e substantivos semelhantes devem ser tratados com cautela, especialmente quando a evolução está em jogo. A espécie humana não deve nunca ser vista como homogênea, ao contrário do que a narrativa do Antropoceno tende a sugerir. Ela é composta por múltiplas coletividades sociais, mas, afora algumas características menores e irrelevantes, é biologicamente homogênea. Além disso, estando sempre ligada à "natureza", como parte dela (enquanto expressão complexa da materialidade, múltipla, em particular junto às dimensões do poder e do significado simbólico), com suas vias evolutivas multilineares, a espécie humana tem historicamente mudado em seu imaginário e institucionalidade. Ela se apresenta então como um agente evolutivo em sua unidade e divergência. Marx ([1844] 1981) se referiu a isso em termos de "ser-espécie", com uma perspectiva evolutiva sólida logo aduzida em seus escritos com Engels (Marx e Engels, [1845] 1969) e em sua produção madura (Marx, [1859] 1961; [1867] 1962, caps 1, 7, 15 e 29). Marx focou nos elementos existenciais que constituem a espécie humana, sobretudo na transformação das relações de produção graças ao desenvolvimento das forças produtivas no curso de seu intercâmbio com o universo material no qual está enredada — seu metabolismo.

Várias subjetividades coletivas, portanto, coexistem e sucedem umas às outras no espaço-tempo. Elas se diferenciam entre si, mas se relacionam mais ou menos estreitamente em suas várias ramificações evolutivas, porquanto a evolução da espécie humana seja multilinear e tenha se tornado mais ou menos articulada na unificação que se apresentou à medida que a história se desdobrou e a globalização conectou essas várias linhas no seio da modernidade (Godelier, 1973; Domingues, 1999, cap. 4). Não há espécie humana no abstrato e nem, por outro lado, coletividades de *homo sapiens* fora da espécie humana (até mesmo os neandertais e outros *sapiens* se misturaram com ela). Há, de fato, uma "humanidade", mas ela está sempre dividida em civilizações, grupos, classes, gêneros, castas, "raças" e outras coletividades. Por meio de suas inúmeras coletividades, ela é construída a partir da natureza — materialidade — e a impacta, além de a si própria, buscando conferir características sociais historicamente variáveis — ou seja, forma — a uma pequena porção do mundo material interno e externo (impactando hoje, como efeito colateral, toda a biosfera)[31]. Ao mesmo tempo, ela sofre fortemente a sua influência. Esse duplo movimento cria uma "natureza" histórica geral que corresponde à dimensão dos humanos como subjetividade coletiva multifacetada, encarando os problemas ambientais e climáticos que têm se tornado evidentes sob a égide da modernidade global, estruturada pelo capitalismo e pelo Estado moderno.

Se a unificação da espécie ocorreu, é possível dizer que ela se uniformizou em termos de centramento e intencionalidade? Não

---

31. "Forma" é um conceito aplicado diretamente à "matéria", mas também mais geralmente às relações sociais. Ver Domingues (2024a).

exatamente. Entretanto, isso aconteceu parcialmente, em especial por meio de negociações e acordos entre Estado-nações e do estabelecimento de organizações internacionais, nas quais o regime climático da ONU, incluindo o IPCC, é hoje um componente chave. Por outro lado, a modernidade não deixa nada intocado, com a consequente emergência de novas e conscientes subjetividades planetárias, mesmo se aquilo que é tocado parece ser exterior a ela — incluindo "povos indígenas" de todo o mundo e o esforço de estados pela inevitavelmente apenas parcial preservação de suas "tradições", uma via perpendicular, talvez, de trazê-los à modernidade, mudando então sua inserção no mundo (Chakrabarty, 2023, criticando Danowski; Viveiros de Castro, [2014] 2016; também Arias-Maldonado, 2022).

Nesse sentido, é certamente apropriado falar do Antropoceno em diálogo com os cientistas (principalmente físicos, biólogos e meteorologistas) que formularam e trabalham com esse conceito, e não contra ou sem referência a eles (Angus, 2016a). Também é necessário levar a termo a crítica imanente a ele. A crítica imanente é em geral corretamente associada à identificação de promessas não cumpridas da modernidade na vida social real; contudo, ela pode ser direcionada ao próprio conhecimento limitado sobre como esse problema é gerado e persiste devido à ofuscação ideológica (Benhabib, 1986, cap. 1; Finlayson, 2014). Esse é o caso aqui. As teses sobre o Antropoceno são cientificamente rigorosas, mas são sociologicamente deficientes. Aceitando uma hipótese oculta subjacente sobre a "humanidade", elas se equivocam ao desconsiderar que a relação da espécie humana com o mundo material assume características particulares com a emergência do capitalismo com base nas classes sociais, em um processo global desigual, seguido pelo "socialismo real" (na verdade, coletivismo autoritário — Cole, 1993), por fim transmutado, após ser derrotado, em uma forma peculiar de capitalismo de Estado-partido. É verdade que a espécie humana como um todo se tornou uma força geológica ao impactar de modo causal o "sistema terra" diretamente e provocar o Antropoceno, mas também que o capitalismo desempenhou papel crucial nesse processo, com a Revolução Industrial do século XVIII e a "Grande Aceleração" do século XIX como seus marcos mais proeminentes (Görg *et al.*, 2020). Pessoas extremamente ricas são quem na verdade têm níveis de emissão de CO_2 extremamente altos entre os países, dentro dos quais, mesmo daqueles que são "desenvolvidos" de acordo com dados da OCDE, os trabalhadores e os pobres, e mesmo as classes médias, emitem relativamente pouco ou muito pouco (Chancel, 2022). As desigualdades precisam então estar no centro dos diagnósticos e políticas públicas, implicando responsabilidades diferenciadas.

Se capitalistas e agentes estatais agem e se movem à sua maneira, não se trata, todavia, de simplesmente condená-los moralmente, visto serem parte de sistemas que constrangem sua ação e movimento, moldando ademais suas consciências (sem que isso implique em automatismos ou ausência de escolhas, no presente ou no futuro). Esse deve ser ainda menos o caso no que se refere à maior parte da população mundial, que legitimamente busca uma vida melhor. O "capitalismo", enquanto "modo de produção", envolve tendências de desenvolvimento específicas, o segundo ponto levantado acima. Além da acumulação "primitiva" (*ursprüngliche*), elas adquiriram com o tempo sua própria dinâmica ou "lógica", que Marx caracterizou como a "lei" ou "tendência geral" da acumulação capitalista (Marx, [1867] 1962, livro 1, vol. 2; [1894] 1964, livro 3). Raramente discutido no marxismo contemporâneo, isso foi antes tão crucial quanto o conceito de "mais-valia" (Domingues, 2018, cap. 9). Tal ideia requer, ademais, vários outros suportes explicativos: genético (acumulação primitiva), reiterativo (a reprodução do capitalismo) e transformativo (sua superação) — todos envolvendo mecanismos causais (em si mesmos processos sociais que geram processos sociais). Conectados a eles e lhes amparando encontramos ações intencionais e giros coletivos, assim como, principalmente, suas consequências não intencionais, que capturam a espécie humana em uma lógica que se impõe sobre os agentes, sua superação, em contraste, dependendo do anseio revolucionário do proletariado. A "concentração" e a "centralização" do capital (acarretando monopólios e, por fim, revolução), foram as principais tendências da acumulação capitalista — com (na edição de Engels do volume III de *O capital*) a estagnação e o colapso (*Zusammenbruch*) final do capitalismo como parte também do cenário. A competição entre os capitalistas e a luta de classes entre eles e os trabalhadores fundamentam esse movimento de longo prazo do capital como mecanismos sociais.

Não devemos nos esquecer de que há "contratendências" no processo de acumulação que poderiam, de acordo com Marx, mitigar tais problemas. Elas incluem o barateamento das matérias primas e do trabalho. Nenhuma contratendência poderia afetar a tendência da acumulação capitalista, contudo. Esse é um tema que reaparece, principalmente de maneira histórica, no argumento de Moore sobre "natureza barata", ou não paga, como essencial para o capitalismo, diretamente envolvendo as "Quatro Coisas Baratas" (trabalho, alimento, energia e matérias primas). Moore afirmou que estamos, possivelmente, encarando uma crise epocal, até mesmo terminal, do capitalismo, dado o fim de recursos baratos, principalmente combustíveis fósseis, dos quais ele depende necessariamente. Ele sequer apontou contratendências a esse desenvolvimento.

Não parece plausível que a hipótese de Marx sobre estagnação ou colapso seja realmente, ou ao menos inteiramente, precisa, menos ainda sua tese sobre o anseio revolucionário do proletariado. No caso de Moore, a ideia do fim da "natureza barata" é ainda mais problemática. Ao menos Marx tinha um agente, a classe trabalhadora, que estava destinada a derrotar o capitalismo e a dominação do Estado. Hoje, o fim do capitalismo, na vida real e na teoria, não parece depender de um agente revolucionário — a argumentação muitas vezes aponta simplesmente problemas de continuidade em sua reprodução. Além disso, o capitalismo histórico nunca prosperou tanto quanto nos "anos dourados" do fordismo, do keynesianismo e do Estado de bem-estar, do fim do colonialismo e do surgimento do desenvolvimentismo. Dizer que isso se deu baseado em trabalho barato ou não remunerado é forçar o argumento, apesar da existência de mercados de trabalho informais, baixos salários e amplo campesinato em boa parte do mundo (especialmente em suas periferias, sustentadas pelo trabalho doméstico feminino não remunerado em toda a parte), enquanto o petróleo permaneceu barato e abundante durante boa parte do último século. Notavelmente no fordismo, isso envolveu um modo de desenvolvimento combinando alta produtividade, altos salários e consumo de massa, auxiliado pela articulação global de mercados de matérias primas (Koch, 2012, cap. 7). Deveríamos então esperar que o capitalismo desmoronasse agora?

As razões para o fim daquela fase do capitalismo e da modernidade em geral — organizada estatalmente e que se desdobrou entre as décadas de 1920/1930 e 1970, seguindo-se à primeira fase liberal-colonial do século XIX — são complexas. Elas misturam fatores econômicos e políticos. Os capitalistas buscaram superlucros com sua acumulação "flexível" e "polarizada", incluindo um extensivo modelo de consumo global, com grande peso para o neoliberalismo, a inovação tecnológica em rede, o capital financeiro e a "despossessão", ao passo que o Estado permaneceu forte, mas recolheu-se aos bastidores. Os capitalistas intensificaram a exploração e espremeram o consumo intensivo dos trabalhadores nos países centrais, com a provisão oportuna de trabalho barato e novos mercados consumidores na Ásia oriental (principalmente para produtos de luxo ou, mais modestamente, de consumo durável) mitigando a contração daqueles mercados internos (Harvey, 1989; 2003; Domingues, [2012] 2013, caps. 3-6; Koch, 2012, caps 8-10). Isso foi relativamente fácil, uma vez que o comunismo soviético fora derrotado e a esquerda estava predominantemente confusa, incluindo a adesão ao liberalismo social ou às derivações capitalista e nacionalista do Estado-partido. Uma terceira fase do capitalismo emergiu em meio a outra terceira fase, mais abrangente, da modernidade: a modernidade complexa. No presente, devido a problemas de acumulação, tensões geopolíticas e mudança climática, tais soluções vacilam. A modernidade e o capitalismo podem então estar entrando em uma nova, quarta fase, ou estão pelo menos passando por uma inflexão significativa, com o Estado também ganhando destaque (Domingues, 2024a, caps. 7 e 9).

A reprodução futura do capitalismo é incerta, mas nada nos diz que ele seja intrinsecamente incapaz de retomar um padrão de acumulação intensiva parcial, "antropogenética", relacionada a serviços como saúde, educação, entretenimento e mídia social (Boyer, 2020), sem prejuízo da expansão da infraestrutura, da indústria e do *agrobusiness*, mas também do capital financeiro e da desigualdade. Por mais que seja improvável, talvez o capitalismo possa mesmo reformar sua relação com a "natureza", produzindo a dimensão material da vida social de maneira mais sustentável, regenerando-a em algum sentido e mitigando a mudança climática, sem falar de se adaptar a ela (parcialmente em modo "pós-antropogenético", poder-se-ia sugerir). Não é preciso dizer que, aconteça o que acontecer, os capitalistas não podem descartar a apropriação, a exploração e até mesmo a degradação da natureza. Por outro lado, tecnologias importantes que podem auxiliar visões e projetos hegemônicos (por exemplo, permitindo a captura de carbono) ainda se apresentam como lacunares, ao menos em termos de um potencial adequado.

Por sua vez, algumas matérias primas podem ser produzidas cada vez mais por processos biotecnológicos e outros tipos de tecnologia. A energia, em particular, tem se distanciado de forma lenta, mas consistente, dos combustíveis fósseis (Koch, 2012, pp. 38-39). Apesar de ubíquo e importante para o futuro previsível, o petróleo tem seus dias de glória contados, com as energias renováveis — notadamente a solar e a eólica, assim como as baseadas em hidrogênio — tornando-se, possivelmente, mais baratas do que nunca, apesar de um possível aumento do consumo no futuro e de um efeito rebote. Materiais renováveis tendem a se espalhar gradualmente e a espécie humana — hoje sob a égide do capital — está penetrando a infraestrutura biológica da vida como tal. Também não se deve assumir que a produção de alimentos baratos, que é importante para a queda do preço da força de trabalho, se esgotou; veja-se, por exemplo, a produção de carne artificial. O mundo é grande e há vários recursos inexplorados, tradicionais e inovativos. Os capitalistas não os ignorarão.

O que é barato e como alcançar esse baixo custo não pode, obviamente, ser assumido como "natural". Isso resulta de processos sociais que muitas vezes envolvem elevada produtividade do trabalho e novas tecnologias. Finalmente, enquanto os capitalistas (hoje em dia, principalmente empresas, algumas delas gigantes) e a acumulação em geral se beneficiam de fatores de produção baratos, agentes políticos buscam assegurar suprimentos contínuos e acessíveis para que a economia funcione. Contudo, que seja essencial que mantenham seus preços baixos é algo a ser demonstrado, com sorte analiticamente, em vez de ser apresentado de maneira descritiva ou simplesmente suposto.

Sobretudo, é mister ter em mente que o capitalismo sempre foi regulado pelo Estado e por organizações paraestatais globais (o Banco Mundial, o Fundo Monetário Internacional, a Organização Mundial de Comércio e a ampla rede de organizações lançadas pela China na Ásia, entre outras). Em outras palavras, a política é intrínseca à reprodução do capitalismo e à administração objetificada da "natureza" pelo Estado e por essas outras organizações, em meio a conflitos sobre suas definição e direção precisas. Adicionalmente, há também uma clara tendência para o fortalecimento do Estado, com suas capacidades múltiplas e permanentes (Domingues, 2024a, cap. 7). Isso foi demonstrado de maneira inequívoca durante a pandemia de COVID-19. Se elas são problemáticas no que tange às relações com os cidadãos, visto poderem ser usadas como instrumentos de controle e opressão, ao mesmo tempo em que potencialmente sustentam políticas de bem-estar, tais capacidades podem ser mobilizadas a favor do capitalismo e para enfrentar a mudança climática.

A capacidade inventiva dos capitalistas não deve ser ignorada ou minimizada, incluindo talvez a habilidade de criar condições para a reprodução do capitalismo e mesmo para altos lucros no longo prazo.

Especialmente, não devemos negligenciar os aspectos políticos do funcionamento concreto do capitalismo. Fora previsões mais sombrias, é improvável que os capitalistas sejam essencialmente incapazes de superar a atual crise ambiental e climática, apesar de que decerto não em uma direção "emancipatória" e, provavelmente, não de modo menos agressivo em seu controle (ou "dominação") e exploração da "natureza". Portanto, falar em uma "crise total da humanidade" ou do "sistema terra" não parece ser de muito proveito se capitalistas e agentes estatais podem encontrar suas próprias soluções para mitigar a emissão de GEE e criar sequestro de carbono — seja problematicamente, como por meio da geoengenharia, borrifando nuvens para criar barreiras à penetração da luz solar, com possíveis consequências desconhecidas, ou de modo mais benigno, envolvendo energia limpa e o reflorestamento (ver, ainda que com cautela, Pinker, 2018, caps. 19-22). Nada garante que eles terão sucesso. É bem possível que o mundo encare uma devastadora crise ambiental de longo prazo associada a crises socioeconômicas e políticas, além disso sobredeterminada pela competição e conflitos geopolíticos. No entanto, tirando vantagem dos problemas que assolam a sociedade, agentes direta ou indiretamente ligados ao capitalismo e ao Estado podem lhes conferir novo ímpeto, a começar por nova legislação, financiamento público e novas soluções e tecnologias para enfrentar problemas climáticos, sem descartar a mercantilização e a apropriação privada.

Além do mais, o que "resolver" a mudança climática significa precisamente é incerto, de modo algum unívoco. Capitalistas e agentes da burocracia do Estado e da política buscam soluções por dentro dos atuais modos de produção e consumo, assim como objetificando perspectivas. Em que direção, qual novo equilíbrio e que soluções para superar as ameaças da mudança climática se efetivarão são ainda questões difíceis de responder. Essa obscuridade é também o calcanhar de Aquiles de perspectivas "ecossocialistas" (Dörre, 2021; Latouche, 2019; Lowy, 2015, com alguma ambiguidade com relação ao "decrescimento"), tanto quanto a expectativa do tempo necessário para tal transformação, especialmente se se admite que a mudança climática pode engendrar cenários catastróficos em prazo relativamente curto. Os ecossocialistas não têm poder efetivo hoje, em particular poder estatal, sem se descartar, evidentemente, experimentos que não dependem necessariamente dele para serem implementados (como a agroecologia). Uma reorientação mais decisiva da tecnologia, que não é neutra, seria, além disso, necessária, incluindo, mas indo além dos esforços atuais (Pansera; Fressoli, 2023). Propostas latino-americanas como o "bem viver" (*buen vivir* ou *Sumak Kawsay*, respectivamente em espanhol e quéchua) (Svampa, 2016) podem ser interessantes localmente, mas são limitadas como alternativas abrangentes. Coalizões positivas entre os *New Deals* verdes social-democratas, com novos projetos, tecnologias e modos de regulação, e iniciativas de base de diferentes tipos podem, por outro lado, levar a transformações significativas de médio e longo prazo, a despeito de seus objetivos verdadeiramente diferentes e de possíveis conflitos, complicados ainda mais pela política no sistema ONU, questões geopolíticas, contradições "Norte"-"Sul" e demandas por justiça climática (Fraser, 2022; Pérez, 2021; Pollin, 2018). Para além do pessimismo ou do otimismo, como especificamente manobrar esse processo é uma questão de política e imaginação (Cassegård *et al.*, 2017).

Uma combinação de iniciativas inovadoras descentradas, possivelmente de base, e um grau considerável de centramento da espécie humana, com giros intencionais e coordenados que incluem estados, agentes societais globais e organizações internacionais (importantes para um grau maior de centramento e intencionalidade) parece indispensável para se lidar com a mudança climática, devido à escala dessas transformações. Forças políticas diferentes, incluindo cientistas do campo da mudança climática, precisam se unir (parcialmente já o tem feito), produzindo uma causalidade coletiva heterogênea que pode, entretanto, provar-se forte. Mesmo os negócios privados, uma vez adaptados a projetos inovativos, tomam parte nesse giro. Tais forças acomodam diferenças profundas e comumente não reconhecem umas às outras como partes de uma complexa e frouxa coalizão no seio da espécie humana (porquanto a vida social e a história não sejam transparentes), estando destinadas a chocarem-se ao longo do caminho. Sem sombra de dúvida, esse movimento como um todo pode ser insuficiente, posições mais conservadoras, até mesmo negacionistas, e inação podem prevalecer, mas a mudança pode se acelerar também. Nessa grande subjetividade coletiva reformista há espaço, em todo o caso, para se batalhar pelo socialismo ou outros projetos radicais.

Conclusão

Este capítulo lidou com algumas abordagens teóricas chave relacionadas à mudança climática a partir de questões mais gerais voltadas à materialidade e à evolução da espécie humana, mobilizando o conceito de subjetividade coletiva. Ele discutiu os conceitos de Antropoceno e Capitaloceno, elaborando, ademais, certos aspectos das tendências de desenvolvimento do capitalismo, tais como de que maneira a mudança climática está acoplada à acumulação capitalista hoje e em que medida os capitalistas e o Estado podem buscar novas relação com e regulação da "natureza". Finalmente, sugeri uma derivação possivelmente emancipatória, apontando que, por mais surpreendente que possa parecer, uma coalização frouxa e contraditória tem se formado, sem resultados predeterminados. De forma urgente devido à pressão para lidar com a mudança climática, e, portanto, dentro dos limites da civilização moderna, na qual o capitalismo é central, os humanos precisam tratar a "natureza" de maneira moderna, "objetiva", até mesmo reificada. Isso não é absoluto, porém, e deveria ser possível desenvolver outros meios de lidar com ela, incluindo a possibilidade de transitar para outra configuração civilizacional. Uma aliança entre os apoiadores progressistas do *New Deal* verde e os ecossocialistas é provavelmente possível, e desejável, dentro de uma estratégia de duas frentes, mesmo se os primeiros prescindam de objetivos socialistas e talvez até os evitem.

Uma perspectiva mais geral e radical de mudança social relacionada com o ambientalismo e a mudança climática que se movesse para além da civilização moderna, por outro lado, intensificaria conflitos sociais, mas também poderia, ao fim, conduzir a um novo imaginário hegemônico, novas instituições e práticas inovadoras com as quais, não obstante uma atitude objetiva possa estar presente, os humanos poderiam superar uma relação com a materialidade puramente manipulatória e hostil, sobretudo com respeito a seres sencientes e ecossistemas, sem falar no "sistema terra". Isso incluiria um novo entendimento sobre a materialidade, uma nova construção social da "natureza" e novas formas de solidariedade. Por mais que a modernidade se desenvolva e a mudança climática seja enfrentada, um amplo entendimento sociológico, teórico e crítico, das possibilidades postas para a espécie humana pode contribuir reflexivamente para que estejamos à altura dos desafios do presente.

REFERÊNCIAS

ABRAHAM, T. Risk and outbreak communication: lessons from alternative paradigms. *Bulletin of the World Health Organization* 87, 2009. p. 604-607.

ADGER, W. N. Vulnerability. *Global Environmental Change* 16, 2006. p. 268-281.

ADLOFF, F. *Ontologie, Konvivialität und Symbiose oder:* Gibt es Gaben der Natur? Zeitschrift Für Theoretische Soziologie 2, 2020a. p. 198-216.

ADLOFF, F. Vom richtigen Leben im falschen. Postwachstum, radikale Imaginaries und reale Utopie. *Mittelweg*, 36(29), 2020b. p. 3-32.

ADORNO, T. W. *Negative Dialektik.* Frankfurt am Main: Suhrkamp, [1966] 1980.

ADORNO, T. W. Zu Subjekt und Objekt. In: *Gesammelte Schriften, 10.2.* Frankfurt am Main: Suhrkamp, [1969] 2003.

ADORNO, T. W. e HORKHEIMER, M. *Dialektik der Aufklärung.* Frankfurt am Main: Suhrkamp. [1944] 1984.

AGAMBEN, G. Il stato d'eccezione provocato da un'emergenza immotivata. *Il Manifesto*, 26 de fevereiro. 2020. Disponível em: **https://ilmanifesto.it/lo-stato-deccezione-provocato-da-unemergenza-immotivata/**. Acesso em: 20 jul. 2020.

ALEXANDER, J. *The double Whammy Trauma:* Narrative and Counter-narrative during Covid-Floyd. Thesis Eleven, Living and Thinking the Crisis. 2020. Disponível em: **https://thesiseleven.com/2020/07/09/the-double-whammy-trauma-narrative-and-counter-narrative-during-covid-floyd/**. Acesso em: 20 jul. 2020.

ALTVATER, E. The Capitalocene, or, geoengineering against capitalism's planetary boundaries. In: MOORE, J. W. (Org.). *Anthropocene or Capitalocene:* Nature, History, and the Crisis of Capitalism. Okland, CA: PM Press, 2016.

ALVES, J. E. D. *Diário da COVID-19:* Brasil tem grande queda de casos e de mortes. *#Colabora*, 13 de setembro. 2020. Disponível em: **https://projetocolabora.com.br/ods3/brasil-tem-grande-queda-de-casos-e-mortes-pela-COVID-19/**.

ANGUS, I. Anthropocene or Capitalocene? misses the point. Review of MOORE, J. W. (Org.). *Anthropocene or Capitalocene:* Nature, History, and the Crisis of Capitalism. Oakland, CA: PM Press, 2016a. Disponível em: **https://climateandcapitalism.com/2016/09/26/anthropocene-or-capitalocene-misses-the-point**.

ANGUS, I. *Facing the Anthropocene:* Fossil Capitalism and the Crisis of the Earth-System. Nova York: Monthly Review, 2016b.

ARIAS MALDONADO, M. Towards a good Anthropocene. In: ARIAS MALDONADO, M.; TRACHTENBERG, Z. (Org.). *Rethinking the Environment for the Anthropocene:* Political Theory and Sociocultural Relations in the New Geological Epoch. Londres e Nova York: Routledge, 2019.

ARIAS-MALDONADO, M. Reformulating emancipation in the Anthropocene: from didactic apocalypse to planetary subjectivities. *European Journal of Social Theory* 25, 2024. p. 136-154.

ARISTOTLE. *Physics*. In: *The Works of Aristotle*. Oxford: Clarendon, 1930.

ARNASON, J. P. The imaginary constitution of modernity. *Revue Européenne de sciences sociales* 27, 1989. p. 323-37.

BAHIA, L. Desigualdades e desacertos. *O Globo*, 9 de setembro. 2020. Disponível em: **https://oglobo.globo.com/opiniao/desigualdades-desacertos-24629280**. Acesso em: 9 set. 2020.

BAHIA, L.; CHADE, J.; DEDECCA, C. S.; DOMINGUES, J. M. GONÇALVES, G. L.; HERZ, M.; LAVINAS, L.; OCKÉ-REIS, C.; RODRÍGUEZ, M. E.; SANTOS, F. Documento especial: a tragédia do coronavírus. *Insight Inteligência* 93, 2021. p. 60-89.

BAKER, P.C. "We can't go back to normal": how will coronavirus change the world? *The Guardian*, 31 de março. 2020. Disponível em: **https://www.theguardian.com/world/2020/mar/31/how-will-the-world-emerge-from-the-coronavirus-crisis**. Acesso em: 20 jul. 2020.

BARNETT, M.; FINNEMORE, M. *Rules for the World:* International Organizations in Global Politics. Ithaca, NY e Londres: Cornell University Press, 2004.

BASSET, T. J.; FOGELMAN, C. Déjà vu or something new? The adaptation concept in the climate change literature. *Geoforum* (0016–7185/$), 2013. p. 42-53.

BATTISTELLI, F.; GALANTINO, M.G. Dangers, risks, and threats. *Current Sociology* 67, 2019. p. 64-78.

BBC NEWS. *Coronavirus Bailout:* Which Country has the Most Generous Deal? 8 de maio. 2020. Disponível em: **https://www.bbc.com/news/business-52450958**. Acesso em: 20 jul. 2020.

BECK, U. *Risikogesellschaft.* Auf dem Weg eine andere Moderne. Frankfurt am Main: Suhrkamp, 1986.

BECK, U. The terrorist threat: world risk society revisited. *Theory, Culture & Society* 19, 2002. p. 39-55.

BECK, U. *World Risk Society*. Cambridge: Polity. [1998] 1999.

BECK, U. *The Metamorphosis of the World*. Cambridge: Polity, 2016.

BECK, S.; MAHONY, M. The IPCC and the new map of science and politics. *Wires Climate Change* 9 (e547), 2018. p. 1-16.

BENHABIB, S. *Critique, Norm, and Utopia:* A Study of the Foundations of Critical Theory. Nova York: Columbia University Press, 1986.

BENTHAM, J. *An Introduction to the Principles of Morals and Legislation:* The Collected Works of Jeremy Bentham. Oxford: Oxford University Press, [1780] 1996.

BENTON, T. *Natural Relations:* Ecology, Animal Rights & Social Justice. Londres e Nova York: Verso, 1993.

BLAIKIE, P. *et al. At Risk:* Natural Hazards, People's Vulnerability, and Disasters. Londres: Routledge, 1994.

BLOCH, E. *Naturrecht und menschliche Würde*. Frankfurt am Main: Suhrkamp, 1961.

BRINGEL, B.; SVAMPA, M. Del "consenso de las commodities" al "consenso de la descarbonización". *Nueva Sociedad* 306, 2023. p. 51-70.

BROOKS, N. Vulnerability, risk and adaptation: a conceptual framework. *Working Paper* 38, Tyndall Centre for Climate Change, 2003. p. 1-16.

BROWN, T., CRADDOCK, S.; INGRAM, A. Critical interventions in global health: governmentality, risk and assemblage. *Annals of the Association of American Geographers*, 2012. p. 1182-1189.

BRULLE, R. J. Institutionalizing delay: foundation funding and the creation of US climate change counter-movement organizations. *Climate Change* 22, 2014. p. 681-694.

BRULLE, R. J.; DUNLAP, R. E. Sociology and the global climate change: introduction. In: BRULLE, R. J.; DUNLAP, R. E. (Org.). *Climate Change and Society:* Sociological Perspectives. Nova York: Oxford University Press, 2015.

BOYER, R. *Les Capitalismes a l'épreuve de la pandémie.* Paris: La Découverte, 2020.

BRAZILIAN REPORT. Environmental minister is really "running the cattle through". *The Brazilian Report*, 28 de maio de 2020. Disponível em: **https://brazilian.report/environment/2020/05/28/environment-minister-really-running-cattle-herd-through-amazon.**

BURNS, A., VAN DER MENSBRUGGHE, D.; TIMMER, H. *Evaluating the Economic Consequences of Avian Influenza.* World Bank. 2006. Disponível em: **http://documents.worldbank.org/curated/en/977141468158986545/pdf/474170WP0Evalu101PUBLIC10B0x334133B.pdf.** Acesso em: 20 jul. 2020.

CALLAWAY, Ewey. Beyond Omicron: what`s next for COVID's viral evolution. *Nature*, 07 de dezembro e 05 de janeiro de 2022. Disponível em: **https://www.nature.com/articles/d41586-021-03619-8**.

CALLON, M. Sociologie de l'acteur reseaux. In: AKRICH, M.; LATOUR, B. (Org.). *Sociologie de la traducción: textes fondateurs.* Paris: Presses de Mines, 2006.

CANNAVÒ, P. F.; LANE JR, J. H. *Engaging Nature:* Environmentalism and the Political Theory Canon. Cambridge: MIT Press, 2014.

CARLIN, D. Your quick guide to the outcomes of COP28. *Forbes*, 13 de dezembro de 2023. Disponível em: **https://www.forbes.com/sites/davidcarlin/2023/12/13/your-quick-guide-to-the-outcomes-of-cop-28/?sh=5afc43981c4e.**

CARR, M. E.; RUBENSTEIN, M. Challenges to authority: understanding critiques of the intergovernmental panel on climate change. *Union Seminary Quarterly Review* 63, 2010. p. 42-66.

CARVALHO, G. A saúde pública no Brasil. *Estudos Avançados* 78, 2013. p. 7-26 Disponível em: **https://www.scielo.br/j/ea/a/HpvKjJns8GhnMXzgGDP7zzR/?lang=pt.**

CASSEGÅRD, C. *Toward a Critical Theory of Nature:* Capital, Ecology and Dialectics. Londres: Bloomsbury, 2021.

CASSEGÅRD, C.; SONERYD, L.; TORN, H.; WETTERGREN, Å. (Org.) (2017) *Climate Action in a Globalized World.* Nova York e Londres: Routledge, 2017.

CASTREE, N. Marxism and the production of nature. *Capital & Class* 24, 2020. p. 5-36.

CHAKRABARTI, P. COVID-19 and the spectre of colonialism. *The India Forum*, 7 de agosto. 2020. Disponível em: **https://www.theindiaforum.in/article/COVID-19-and-spectres-colonialism**. Acesso em: 20 jul. 2020.

CHAKRABARTY, D. *The Human Condition in the Anthropocene.* Tanner Lectures on Human Values. Yale University. 2015. Disponível em: **https://tannerlectures.utah.edu/Chakrabarty%20manuscript.pdf.**

CHAKRABARTY, D. *The Climate of History in a Planetary Age*. Chicago: University of Chicago Press, 2021.

CHAKRABARTY, D. Planetary humanities: straddling the postcolonial/decolonial divide. *Daedalus*, 151, 2023. p. 222-233.

CHANCEL, L. Global carbon inequality. *Nature Sustainability* 5, 2022. p. 931-938.

CHANCEL, L.; BOTHE, P.; VOITURIEZ, T. *Climate Inequality Report.* World Inequality Lab Study 2023/1. Disponível em: **https://wid.world/document/climate-inequality-report-2023/**. 2023

CANDIDO, D. S. *et al.* Evolution and epidemic spread of SARS-CoV-2. In: BRAZIL. *Science* 10.1126/Science.abc2161. 2020.

CHASEK, P. S.; DOWNIE, D. L.; BROWN, J. W. *Global Environmental Politics:* Dilemmas in World Politics. Londres e Nova York: Routledge, 7ª. edição, 2017.

CHENGZHOU, H. New Confucianism, science and the future of the environment. *European Review* 26, 2018. p. 368-80.

CHERNILO, D. *The Natural Law Foundations of Modern Social Theory:* The Quest for Certainty. Cambridge: Cambridge University Press, 2013.

CHERNILO, D. The question of the human in the Anthropocene debate. *European Journal of Social Theory* 20, 2017. p. 44-60.

CLASTRES, P. *Archéologie de la violence.* La Guerre dans le societies primitives. La Tour d'Aigues: Editions de l'Aube, [1977] 2013.

COLE, D. H. Marxism and the failure of environmental protectionism Eastern Europe and U.S.S.R. *Legal Studies Forum*, 17, p. 35-72.

CONGRESS OF THE UNITED STATES. *A Potential Influenza Pandemic:* Possible Macroeconomic Effects and Policy Issues. 2006. Disponível em: **https://www.cbo.gov/sites/default/files/109th-congress-2005-2006/reports/12-08-birdflu.pdf**. Acesso em: 20 jul. 2020.

COOK, D. *Adorno on Nature.* Nova York e Londres: Routledge, 2011.

COOKE, M. Ethics and politics in the Anthropocene. *Philosophy and Social Criticism* 46, 2020. p. 1167-1181.

COX, R. W. Gramsci, hegemony and International Relations: an essay on method. *Millennium: Journal of International Studies* 12, 1983. p. 162-75.

CRUTZEN, P. J. Geology of mankind. *Nature* 415(31), 2002. p. 23.

CRUTZEN, P. J.; STOERMER, E. The Anthropocene. *Global Change Newsletter* 41, 2000. p. 17-18.

CULPITT, I. *Social Policy and Risk*. Londres: Sage, 1999.

DAHAN, A. La gouvernance du climat: entre climatisation du monde et schisme de réalité. *L'homme et la société 199*, 2016. p. 1-8.

DANOWSKI, D.; VIVEIROS DE CASTRO, E. *The Ends of the World*. Cambridge: Polity, [2014] 2016.

DAVIDSON, J. L. P.; KEMP, L. Climate catastrophe: the value of envisioning the worst-case scenarios of climate change. *Wires Climate Change* e871, 2023. p. 1-14.

DAWKINS, R. *The Selfish Gene*. Cambridge: Cambridge University Press, 1976.

DELEUZE, G. Post-scriptum sur les sociétés de controle. In: *Pourparler, 1972-1990*. Paris: Minuit, 1990.

DESCOLA, P. *Par-delà nature et culture*. Paris: Gallimard, 2005.

DINGWALL, R. We should deescalate the war on the coronavirus. *Wired*, 29 de janeiro. 2020. Disponível em: **https://www.wired.com/story/opinion-we-should-deescalate-the-war-on-the-coronavirus/**.

DOMINGUES, J. M. *Sociological Theory and Collective Subjectivity*. Houndmills: Macmillan e Nova York: Saint Martin's Press, 1995.

DOMINGUES, J. M. *Criatividade social, subjetividade coletiva e a modernidade brasileira contemporânea*. Rio de Janeiro: Contra Capa, 1999.

DOMINGUES, J. M. *Interpretando a modernidade*. Imaginário e instituições. Rio de Janeiro: Editora FGV, 2002.

DOMINGUES, J. M. *Aproximações à América Latina*. Rio de Janeiro: Civilização Brasileira, 2007.

DOMINGUES, J. M. *Modernidade global e civilização contemporânea*. Para a renovação da teoria crítica. Belo Horizonte: Editora UFMG, [2012] 2013.

DOMINGUES, J. M. *Esquerda:* crise e futuro. Rio de Janeiro: Mauad, 2017.

DOMINGUES, J. M. *Emancipação e história*. O retorno da teoria social. Rio de Janeiro: Civilização Brasileira, 2018.

DOMINGUES, J. M. *Teoria crítica e modernidade política*. Rio de Janeiro: Editora PUC Rio e São Paulo: Hucitec, [2019] 2021.

DOMINGUES, J. M. *Uma esquerda para o século XXI*. Horizontes, estratégias e identidades. Rio de Janeiro: Mauad, 2021.

DOMINGUES, J. M. Coronavirus and social change. In: BRINGEL, B.; PLEYERS, G. (Org.). *Social Movements and Politics in a Global Pandemic*. Bristol: Policy Press — Bristol University Press, 2022a.

DOMINGUES, J. M. Power and rule, civilizations and the modern political dimension: parallelism, convergence and divergence in social evolution. *International Review of Sociology* 34, 2022b. p. 1-27.

DOMINGUES, J. M. *Coletivismo autoritário e "socialismo real"*. Trajetória no século XX, questões do século XXI. Rio de Janeiro: Editora PUC Rio e São Paulo: Hucitec, 2022c.

DOMINGUES, J. M. *Political Modernity and Social Theory:* Origins, Development and Alternatives. Nova York e Oxon: Routledge, 2024a.

DOMINGUES, J. M. Ecumenical critical theory, pluralism and developmental trends. *Thesis Eleven*, 181, 2024b, p. 3-19.

DÖRRE, K. *Die Utopie des Sozialismus:* Kompass für eine Nachhaltigkeitsrevolution. Berlim: Matthes & Seitz, 2021.

DRYZEK, J. S.; NORGAARD, R. B.; SCHLOSBERG, D. *Climate Challenged Society*. Nova York: Oxford University Press, 2013.

DUIT, A.; FEINDT, P. H.; MEADOWCROFT, J. M. Greening the Leviathan: the rise of the environmental state. *Environmental Politics* 25, 2016. p. 1-23.

DURKHEIM, E. *De la Division du travail social*. Paris: Presses Universitaires de France. [1893] 2013.

EDER, K. *The Social Construction of Nature:* A Sociology of Ecological Enlightenment. Londres: Sage, 1996.

EDER, K. *Kulturelle Identität zwischen Tradition und Utopie.* Soziale Bewegung als Ort gesellschaftlicher Lernprozesse in Europa. Berlim: Campus, 2000.

ENGELS, F. *Dialektik der Natur*. In: MARX, K.; ENGELS, F. *Werke*, vol. 20. Berlim: Dietz, [1883] 1975.

EWALD, F. *L'Etat Providence*. Paris: Grasset, 1986.

FAVIER, K. Materialism in the Anthropocene: a critique of the "domination of nature" in the Frankfurt School. *Emancipations: A Journal of Critical Social Analysis* 2, article 5, 2003.

FIDLER, D. P. *SARS, Governance and the Globalization of Disease*. Basingstoke e Nova York: Palgrave Macmillan, 2004.

FIDLER, D. P. *The once and Future World of Global Governance.* Think Global Health, Council on Foreign Relations, 2019. Disponível em: **https://www.thinkglobalhealth.org/article/once-and-future-world-global-health-governance**. Acesso em: 20 jul. 2020.

FIDLER, D. P. *Coronavirus:* A Twenty-year Failure. Think Global Health, Council on Foreign Relations. 2020a. Disponível em: **https://www.thinkglobalhealth.org/article/coronavirus-twenty-year-failure**. Acesso em: 20 jul. 2020.

FIDLER, D. P. *The World Health Organization and Pandemic Politics.* Think Global Health, Council on Foreign Relations. 2020b. Disponível em: **https://www.thinkglobalhealth.org/article/world-health-organization-and-pandemic-politics**. Acesso em: 20 jul. 2020.

FINLAYSON, J. G. Hegel, Adorno and the origins of immanent criticism. *British Journal for the History of Philosophy* 22, 2014. p. 1142-1166.

FOSTER, J. B. On fire this time. *Monthly Review* 71, 2019. p. 1-17.

FOSTER, J. B. *Marx's Ecology:* Materialism and Nature. Nova York: Monthly Review. 2020.

FOSTER, J. B.; YORK, R.; CLARK, B. *The Ecological Rift:* Capitalism's War on Earth. Nova York: Monthly Review, 2010.

FOUCAULT, M. *Histoire de la sexualité*, vol. 1. La volonté de savoir. Paris: Gallimard, 1976.

FOUCAULT, M. *Sécurité, territoire, population.* Cours au Collège de France, 1977-1978. Paris: Gallimard/Seuil, 2009.

FRASER, N. *Cannibal Capitalism.* Londres e Nova York: Verso, 2022.

FREIRE-MAIA, N. *Teoria da evolução.* De Darwin à teoria sintética. Belo Horizonte, Itatiaia e São Paulo: EDUSP, 1988.

FREY, C. B., CHEN, C.; PRESIDENTE, G. Political regimes and lockdowns. *COVID Economics* 18, 2020. p. 222-238.

FREUD, S. Das Unbewußte. In: *Gesammelte Werke*, 1913-1917, vol. 10. Frankfurt am Main: Fischer, [1915] 1969.

FULLER, S. Beyond the precautionary principle. *The Guardian*, July 7, 2013. Disponível em: **https://www.theguardian.com/science/political-science/2013/jul/10/beyond-precautionary-principle**. Acesso em: 20 mai. 2021.

FUSSEL, H.-M. *Vulnerability in Climate Change Research:* A Comprehensive Conceptual Framework. University of California International and Area Studies, Paper 6, 2005. p. 1-34.

GIBBARD, P. L. *et al.* A practical solution: the Anthropocene is a geological event, not a formal epoch. *Episodes* 45, 2021. p. 349-357.

GIDDENS, A. *The Consequences of Modernity*. Cambridge: Polity, 1990.

GIDDENS, A. *The Politics of Climate Change*. Cambridge: Polity, 2009.

GIERKE, O. *Political Theories of the Middle Ages*. Cambridge: Cambridge University Press, [1868] 1900.

GODELIER, M. *Horizons.* Trajets marxiste en anthropologie. Paris: Maspero, 1973.

GÖRG, C. Vom Klimaschutz zur Anpassung: Gesellschaftliche Naturvehältnisse im Klimawandel. In: VOSS, M. (Org.). *Der Klimawandel.* Sozialwissenschaftliche Perspektiven. Wiesbaden: VS, 2010.

GÖRG, C. Zwischen Tagesgeschichte und Erdgeschichte. *Gaia* 25, 2016. p. 9-13.

GÖRG, C. *et al.* Scrutinizing the great acceleration: the Anthropocene and its analytic challenges for social-ecological transformations. *Anthropocene Review* 7, 2020. p. 42-61.

GORZ, A. Leur ecologie et la notre. *Le Monde diplomatique*, 28 de abril, ([1974] 2010).

GPMB (Global Preparedness Monitoring) (2019) *World at Risk:* Annual Report on Global Preparedness for Health Emergencies. Geneva: World Health Organization. 2019. Disponível em: **https://www.gpmb.org/reports/annual-report-2019.** Acesso em: 20 jul. 2020.

GRIMM, H.; WILD, M. *Tierethik zur Einführung*. Hamburgo: Junius, 2016.

GUTHRIE, W. K. C. *The Sophists*. Cambridge: Cambridge University Press, [1969] 1971.

HAAS, P. M. Introduction: epistemic communities and international policy coordination. *International Organization* 46, 1992. p. 1-35.

HABERMAS, J. Erkenntnis und Interesse. In: *Technik und Wissenschaft als "Ideologie"*. Frankfurt am Main: Suhrkamp, [1965] 1968.

HABERMAS, J. Technik und Wissenschaft als "Ideologie". In: *Technik und Wissenschaft als "Ideologie"*. Frankfurt am Main: Suhrkamp, 1968.

HABERMAS, J. *Theorie des kommunikativen Handelns.* Frankfurt am Main: Suhrkamp. [1981] 1988.

HABERMAS, J. *Zur Rekonstruktion historischen Materialismus.* Frankfurt am Main: Suhrkamp, 1976.

HABERMAS, J. *Die Zukunft der menchlichen Natur.* Auf dem Weg zu einer liberalen Eugenik? Frankfurt am Main: Suhrkamp, 2005.

HAGE, J.; MEEKER, B. *Social Causality*. Londres: Unwin Hyman. 1988.

HALL, I. Narenda Modi and India's normative power. *International Affairs* 93, 2017. p. 113-131.

HAMMER, C. C.; BRAINARD, J.; INNES, A.; HUNTER, P. R. (Re-)conceptualizing vulnerability as a part of risk in global health emergency response: updating the pressure and release model for global health emergencies. *Emerging Themes in Epidemiology* 16, 2019. p. 2.

HAMMOND, M. L. *Epidemics and the Modern World.* Toronto, Buffalo e Londres: University of Toronto Press, 2020.

HAN, S-J. *Confucianism and Reflexive Modernity:* Bringing Community Back to Human Rights in the Age of Global Risk Society. Leiden: Brill, 2020.

HARVEY, D. *The Condition of Postmodernity*. Oxford: Blackwell, 1989.

HARVEY, D. *The New Imperialism.* Oxford: Oxford University Press, 2003.

HEAD, M. J. *et al.* The Anthropocene is a prospective epoch/series, not a geological event. *Episodes* 46, 2022. p. 229-238.

HEIDEGGER, M. *Vom Wesen der Wahrheit.* Frankfurt am Main: Vittorio Klostermann. [1930] 1997.

HOCHMAN, G. *A era do saneamento:* as bases da política pública de saneamento no Brasil, 1889-1930. São Paulo: ANPOCS e Hucitec, 1998.

IMPERIAL COLLEGE LONDON. *Short-Term Forecasts of COVID-19 Deaths in Multiple Countries.* (2020/2021). Disponível em: **https://mrc-ide.github.io/covid19-short-term-forecasts/**.

INTERNATIONAL MONETARY FUND. *Remarks by IMF Managing Director Kristalina Georgieva during an extraordinary conference call of G20 Finance Ministers and Central Bank Governors.* International Monetary Fund, 30 de março. Disponível em: **https://www.imf.org/en/News/Articles/2020/11/13/sp-g20-finance-ministers-and-central-bank-governors-meeting**. Acessado em: 20 jul. 2020.

IPCC (INTERGOVERNMENTAL PANEL ON CLIMATE CHANGE). *Climate Change 2014:* Synthesis Report: Contribution of Working Groups I, II and III to the Fifth Assessment Report of the Intergovernmental Panel on Climate Change. Geneva: IPCC, 2014.

IWAMA, A. Y. *et al.* Risk, vulnerability and adaptation to climate change: an interdisciplinary approach. *Ambiente & Sociedade* XIX, 2016. p. 93-116.

JAMIESON, D. Adaptation, mitigation, and justice. In: SINNOTT-ARMSTRONG, W.; HOWARTH, R. (Org.). *Perspectives on Climate Change:* Science, Economics, Politics, Ethics (Advances in the Economics of Environmental Resources, Vol. 5). Bingley: Emerald Group Publishing Limited, 2005.

JONAS, H. *Das Prinzip Verantwortung.* Versuch einer Ethik für die technologische Zivilization. Frankfurt am Main: Suhrkamp, 1984.

KASSIOLA, J.; GUO, S. (Org.). *China's Environmental Crisis:* Domestic and Global Political Impacts and Responses. Basingstoke e Nova York: Palgrave, 2010.

KEOHANE, R.; VICTOR, D. *The regime complex for climate change.* The Harvard Project on International Climate Agreements, Discussion Paper, 2010. p. 10-33.

KLEIN, N. Screen new deal. *The Intercept,* 8 de maio. 2020. Disponível em: **https://theintercept.com/2020/05/08/andrew-cuomo-eric-schmidt-coronavirus-tech-shock-doctrine/**. Acesso em: 20 jul. 2020.

KOCH, M. *Capitalism and Climate Change:* Theoretical Discussions, Historical Development and Policy Responses. Basingstoke and Nova York: Palgrave, 2012.

LAHSEN, M. Digging deeper into the why: cultural dimensions of climate change skepticism among scientists. In: BARNES, J.; DOVE, M. R. (Org.). *Climate Culture:* Anthropological Perspectives on Climate Change. New Haven e Londres: Yale University Press, 2015.

LAHSEN, M.; BUSTAMANTE, M. M. C.; DALLA-NORA, E. L. Undervaluing and overexploiting the Brazilian cerrado at our peril. *Environment: Science and Policy for Sustainable Development* 58, 2016. p. 4-15.

LAKOFF, A. *Unprepared:* Global Health in a Time of Emergency. Berkeley e Los Angeles, CA: University of California Press, 2017.

LATOUCHE, S. *La Décroissance.* Paris: Humensis, 2019.

LATOUR, B. *Nous n'avons jamais été modernes.* Essais de anthropologie symétrique. Paris: La Découverte, 1991.

LATOUR, B. *Pasteur.* Guerre et paix des microbes. Suivi de Irréductions. Paris: La Découverte, 2001.

LATOUR, B. *Politiques de la nature.* Comment faire entrer les sciences dans democratie. Paris: La Découverte, 2004.

LATOUR, B. *Enquête sur les modes d'existence.* Paris: La Découverte, 2012.

LEFF, E. *Racionalidad ambiental.* La reapropiación social de la naturaleza. Mexico: Siglo XXI, 2004.

LÉVI-STRAUSS, C. *Les Structures élémentaires de la parenté.* Paris: Mouton, [1949] 1980.

LEWIS, S. L.; MASLIN, M. A. Defining the Anthropocene. *Nature* 519, 2015. p. 171-180.

LOUIS, M.; MAERTENS, L. *Why International Organizations Hate Politics:* Depoliticizing the World. Londres: Routledge, 2021.

LÖVEBRAND, E.; STRIPPLE, J.; WIMAN, B. Earth System governmentality: reflections on the Anthropocene. *Global Environmental Change* 19, 2009. p. 7-13.

LOVELOCK, J. *The Revenge of Gaia:* Why the Earth is fighting back — and how we can still save humanity. Londres: Penguin, 2006.

LOWY, M. *Ecosocialism:* A Radical Alternative to Capitalist Catastrophe. Chicago: Haymarket, 2015.

LUHMANN, N. *Soziologie des Risikos.* Berlim e Nova York: Walter de Gruyter, 2003.

LUZURIAGA, M. J. *Privados de la salud.* Las políticas de privatización de los sistemas de la salud en Argentina, Brasil, Chile y Colombia. São Paulo: Hucitec, 2018.

MACHADO DE FREITAS, C.; MEFANO SILVA, I. V.; CUNHA, N. COVID-19 as a global disaster: challenges to risk governance and social vulnerability in Brazil. *Ambiente & Sociedade* 23, 2020. p. 1-12. Disponível em: **https://www.scielo.br/j/asoc/a/CF85xcF8ywdgHgbPRGdfKTb.**

MALM, A. *The Progress of This Storm:* Nature and Society in a Warming World. Londres e Nova York: Verso, 2018.

MALM, A.; HORNBORG, A. The geology of mankind? A critique of the Anthropocene. *The Anthropocene Review* 1, 2014. p. 62-69.

MAERTENS, L.; PARIZET, R. "On ne fait pas de politique": les practiques de depoliticization au PNUD et au PNUE. *Critique Internationale* 76, 2017. p. 41-60.

MARCUSE, H. *Counterrevolution and Revolt.* Boston: Beacon, 1972.

MARCUSE, H. *Eros and Civilization:* A Philosophical Inquiry into Freud. Boston: Beacon, [1955] 1974.

MARCUSE, H. *One-dimensional Man:* Studies in the Ideology of Advanced Society. Londres and Nova York: Routledge. [1964] 2002.

MARX, K. *Das Kapital.* Kritik der politischen Ökonomie, vol. 1. In: MARX, K.; ENGELS, F. *Werke*, vol. 23. Berlim: Dietz. [1867] 1962.

MARX, K. *Das Kapital.* Kritik der politischen Ökonomie, vol. 3. In: MARX, K.; ENGELS, F. *Werke*, vol. 25. Berlim: Dietz, [1894] 1964.

MARX, K. Ökonomische-philosophische Manuskript aus dem Jahre 1844. In: MARX, K.; ENGELS, F. *Werke*, vol. 1. Berlim: Dietz, [1844] 1981.

MARX, K. Vorwort. In: *Zur Kritik der politischen Ökonomie.* In: MARX, K.; ENGELS, F. *Werke*, vol. 13. Berlim: Dietz, [1859] 1961.

MARX, K.; ENGELS, F. *Die deutsche Ideologie.* In: MARX, K.; ENGELS, F. *Werke*, vol. 3. Berlim: Dietz. [1845] 1969.

MARX, K.; ENGELS, F. Manifest der kommunistischen Partei. In: MARX, K.; ENGELS, F. *Werke*, vol. 4. Berlim: Dietz.

MCINNES, C.; ROEMER-MAHLER, A. From security to risk: reframing global health threats. *International Affairs* 93, 2017. p. 1313-1337.

MCMILLEN, C.W. *Pandemics:* A Very Short Introduction. Nova York: Oxford University Press, 2016.

MEAD, G. H. *Mind, Self, and Society*. Chicago: The University of Chicago Press, 1934.

MELUCCI, A. *Challenging Codes:* Collective Action in the Information Age. Cambridge: Cambridge University Press, 1996.

MEYER, J. M. *Political Nature:* Environmentalism and the Interpretation of Western Thought. Cambridge, MA: MIT Press, 2001.

MOORE, J. W. *Capitalism in the Web of Life:* Ecology and the Accumulation of Capital. Londres e Nova York: Verso, 2014.

MOORE, J. W. The rise of cheap nature. In: MOORE, J. W. (Org.). *Anthropocene or Capitalocene:* Nature, History, and the Crisis of Capitalism. Okland, CA: PM Press, 2016.

MOSCOVICI, S. *Essai sur l'histoire humaine de la nature*. Paris: Flammarion, 1968.

MOUFFE, C. *Towards a Green Democratic Revolution:* Left Populism and the Power of Affects. Londres e Nova York: Verso, 2023.

MURPHY, C. N. Private sector. In: WEISS, T. G.; DAWS, S. (Org.). *The Oxford Handbook on the United Nations*. Oxford: Oxford University Press, 2ª. Edição, 2018.

MURPHY, M. The natural law tradition in ethics. In: *Stanford Encyclopedia of Philosophy.* 2011. Disponível em: **https://plato.stanford.edu/entries/natural-law-ethics/**.

NAESS, A. The shallow and the deep, long-range ecology movement. A summary. *Inquiry*, 1973. p. 95-100.

NECKEL, S. Der Streit um die Lebensführung. Nachhaltigkei als Sozialer Konflikt. *Mittelweg* 36, 2020. p. 82-100.

NOBRE, M.; AMAZONAS, M. C. *Desenvolvimento sustentável:* a institucionalização de um conceito. Brasília: IBAMA, 2002.

O'CONNOR, J. Political ecology of socialism and capitalism. *Capitalism, Nature, Socialism* 1, 1989. p. 11-38.

O'CONNOR, J. On the two contradictions of capitalism. *Capitalism, Nature, Socialism* 2, 1991a, p.107-09.

O'CONNOR, J. Socialism and ecology. *Capitalism, Nature, Socialism* 1, 1991b. p. 1-12.

OKEREKE, C; COVENTRY, P. Climate and the international regime: before, during, and after Paris. *Wires Climate Change* 7, 2016. p. 834-851.

OLOFSSON, A.; ÖHMAN, S. Views of risk in Sweden: global fatalism and local control. *Journal of Risk Research* 10, 2007. p. 177-196.

OLSSON, L. *et al.* Why resilience is unappealing to social science: theoretical and empirical investigations of the scientific use of resilience. *Science Advances* 1, e1400217, 2015.

PANSERA, M.; FRESSOLI, M. Innovation without growth: frameworks for understanding technological change in a post-growth society. *Organisation* 28, 2023. p. 380-404.

PARENTI, C. A radical approach to climate change. *Dissent*, Summer. 2013. Disponível em: **https://www.dissentmagazine.org/article/a-radical-approach-to-the-climate-crisis**.

PARKS, B. C.; ROBERTS, J. T. Climate change, social theory and justice. *Theory, Culture & Society* 27, 2010. p. 134-166.

PARSONS, T. *Societies:* Evolutionary and Comparative Perspectives. Englewood Cliffs, NJ: Prentice-Hall, 1996.

PELLING, M. *Adaptation to Climate Change:* From Resilience to Transformation. Londres e Nova York: Routledge, 2011.

PEREIRA, E. J. A. L. *et al.* Policy in Brazil (2016-2019) threatens conservation of the Amazon rainforest. *Environmental Science and Policy for Sustainable Development* 100, 2018. p. 8-12,

PÉREZ, A. *Pactos verdes en tiempos de pandemias.* El futuro se disputa ahora. Barcelona: Libros en Acción, Observatori del Deute en a Globalizatió and Icaria, 2021.

PETITEVILLE, F. International Organizations beyond depoliticized governance. *Globalizations*,15, 2018. p. 301-313.

PINKER, S. *Enlightenment Now:* The Case for Reason, Science, Humanism, and Progress. Nova York: Viking, 2018.

POLLIN, R. De-growth vs a Green New Deal. *New Left Review* 112, 2018. p. 5-21.

POPPER, K. Epistemology without a knowing subject. In: *Objective Knowledge:* An Evolutionary Approach. Oxford: Oxford University Press, [1967] 1972.

PORTO GONÇALVES, C. W. *A globalização da natureza e a natureza da globalização.* Rio de Janeiro: Civilização Brasileira, 2006.

PROAG, V. The concept of vulnerability and resilience. *Procedia Economics and Finance* 18, 2014. p. 9-16.

REGAN, T. *The Case for Animal Rights.* Berkeley e Los Angeles: University of California Press, 1983.

REUTERS. *In Brazil it's not just the Amazon that's burning.* The world's largest wetland is on fire too. Reuters — The Wider Image, 14 de setembro, 2020. Disponível em: **https://widerimage.reuters.com/story/in-brazil-its-not-just-the-amazon-thats-burning-the-worlds-largest-wetland-is-on-fire-too.**

RIBOT, J. Cause and response: vulnerability and climate in the Anthropocene. *Journal of Peasant Studies* 41, 2014. p. 667-705.

RODRIGUES, P. H. A.; SANTOS, I. S. *Saúde e cidadania.* Uma visão histórica e comparada do SUS. São Paulo: Atheneu, 2009.

RODRÍGUEZ ORTIZ, M. E. *O combate à pobreza em uma era global:* o Banco Mundial, Brasil, Índia e outros casos. Tese de doutorado, IESP-UERJ, 2014.

ROSA, H.; HENNING, C.; BUENO, A. (Org.). *Critical Theory and New Materialisms.* Londres e Nova York: Routledge, 2021.

ROSE, N. The human sciences in a biological age. *Theory, Culture and Society* 30, 2013. p. 3-34.

ROSENBERG, C. What is an epidemic? AIDS in historical perspective. *Daedalus* 118, 1989. p. 1-17.

ROSENBERG, C. What is disease?. *In memory of Owsei Temkin. Bulletin of the History of Medicine* 77, 2003. p. 491-505.

RUDDIMAN, W. T. *Plows, Plagues, and Petroleum:* How Humans Took Control of Climate (with a new afterword by the author). Princeton, NJ: Princeton University Press, [2005] 2010.

RUDDIMAN, W. T. The early anthropogenic hypothesis: challenges and responses. *Reviews of Geophysics* 45, 2007. p. 1-37.

RUDDIMAN, W. T. The Anthropocene. *Annual Review of Earth and Planetary Sciences* 41, 2013. p. 45-68.

SAITO, K. *Karl Marx's Ecosocialism:* Capital, Nature, and the Unfinished Critique of Political Economy. Nova York: Monthly Review, 2017.

SANTOS, F. (Org.). *Congresso remoto.* A experiência legislativa brasileira em tempos de pandemia. Rio de Janeiro: EdUERJ, 2021.

SARYAL, R. Climate change policy of India: modifying the environment. *South Asia Research* 38, 2018. p. 1-19.

SCHMIDT, A. *Der Begriff der Natur in der Lehre von Marx.* Frankfurt am Main: Europäische Verlagsanstalt, [1962].

SCHUSTER, M. Izquierdas y derechas en tiempos de coronavirus. *Nueva Sociedad*, março. 2020. Disponível em: **https://nuso.org/articulo/coronavirus-izquierda-derecha-miedo-estado-bienestar-capitalismo/?fbclid=IwARollXdVLnOU2YS7j907TmrCqRv6Q SeotOIcCvbPgik518R mL8U-ClpsXaA.**

SCHWAB, K. *Now is The Time for a "Great Reset"*. World Economic Forum. 2020. Disponível em: **https://www.weforum.org/agenda/2020/06/now-is-the-time-for-a-great-reset/**. Acesso em: 20 jul. 2020.

SCOTT, J. *Against the Grain:* A Deep History of the Earlier States. Princeton, NJ: Princeton University Press, 2017.

SHACKLEY, S. The Intergovernmental Panel on Climate Change: consensual knowledge and global politics. *Global Environmental Change* 7, 1997. p. 77-79.

SHAPIRO, J. *China's Environmental Challenges*. Cambridge: Polity, 2ª. Edição, 2016.

SILVA, J. Pantanal, Cerrado e Amazônia em chamas. *Ecodebate*, 17 de agosto. 2020. Disponível em: **https://www.ecodebate.com.br/2020/08/17/pantanal-cerrado-e-amazonia-em-chamas/**.

SHIVA, V. *Soil, Not Oil:* Climate Change, Peak Oil and Food Insecurity. Londres: Zed Books, 2008.

SIMÓN CAMPAÑA, F. Derechos de la naturaleza: innovación trascendental, retórica jurídica o proyecto político. *Iuris Dicto* 13, 2013. p. 9-38.

SINGER, P. *Animal Liberation*. Nova York: HarperCollins, [1975] 2009.

SPRINT, D.; LUTERBACHER, U. (Org.). *Global Climate Policy:* Actors, Concepts and Enduring Challenges. Cambridge, MA: MIT Press, 2018.

STABILE, M. C. C. *et al.* Solving Brazil's land use puzzle: increasing production and slowing Amazon deforestation. *Land Use Policy* 91, 104362, 2020.

STEFFEN, W. *et al.* Group report: Earth System dynamics in the Anthropocene. In: SCHELLNHUBER, H. J. (Org.). *Earth System Analysis for Sustainability.* Cambridge, MA: The MIT Press, 2004.

STEFFEN, W. The trajectory of the Anthropocene: the Great Acceleration. *The Anthropocene Review* 2, 2015. p. 81-98.

STEFFEN, W.; CRUTZEN, P. J.; MCNEILL, J. R. The Anthropocene: are humans now overwhelming the great forces of nature? *Ambio* 36, 2007. p. 614-621.

STEFFEN, W.; GRINEWALD, J.; CRUTZEN, P.; MCNEILL, J. The Anthropocene: conceptual and historical perspectives. *Philosophical Transactions of the Royal Society* 369, 2011. p. 842-867.

STEHR, N.; STORCH, H. Introduction to papers on mitigation and adaptation strategies: protecting nature from society or protecting society from nature? *Environmental Science & Policy* 8, 2005. p. 537-540.

STERN, N. *The Economics of Climate Change: The Stern Review.* Cambridge: Cambridge University Press, 2007.

STEVENSON, N. Critical theory in the Anthropocene: Marcuse, Marxism and ecology. *European Journal of Social Theory* 24, 2023. p. 211-226.

STF. Barroso determina que governo complemente plano para conter COVID-19 em tribos indígenas. *Notícias do Supremo*, 7 de agosto de 2020. Disponível em: **https://portal.stf.jus.br/noticias/verNoticiaDetalhe.asp?idConteudo=449193&ori=1**.

STRAUSS, L. *Natural Right and History*. Chicago: The University of Chicago Press. [1953] 1969.

STREECK, W. *Gekaufte Zeit.* Die vertagte Krise des demokratischen Kapitalismus. Frankfurt am Main: Suhrkamp, 2013.

STRYDOM, P. *Risk, Environment and Society:* Ongoing Debates, Current Issues and Future Prospects. Buckingham and Philadelphia: Open University Press, 2002.

SVAMPA, M. *Debates latinoamericanos:* indianismo, desarrollo, dependencia, populismo. Buenos Aires: Edhasa, 2016.

SVAMPA, M. El antropoceno como diagnóstico y paradigma. Lecturas globales desde el sur. *Utopia y praxis latinoamericana* 24, 2016. p. 33-54.

SWAAN, A. *In Care of the State:* Health Care, Education and Welfare in Europe and the USA in the Modern Era. Oxford: Oxford University Press, 1988.

SWYNGEDOUW, E. Apocalypse forever? Post-political populism and the spectre of climate change. *Theory, Culture & Society* 27, 2010. p. 213-232.

THE ECONOMIST (2020a) The state in the time of COVID-19. 20 March. 2020a. Disponível em: **https://www.economist.com/leaders/2020/03/26/the-state-in-the-time-of-COVID-19**. Acesso em: 20 jul. 2020.

THE ECONOMIST (2020b) The pandemic shock will make big, powerful firms even mightier. 26 March. 2020b. Disponível em: **https://www.economist.com/business/2020/03/26/the-pandemic-shock-will-make-big-powerful-firms-even-mightier**. Acesso em: 2 de jul. 2020.

TICHENOR, M.; SRIDHAR, D. Universal health care, health systems strengthening, and the World Bank. BMJ 358, j3347, 2017. p. 1-5.

TOSUN, J.; SCHOENEFELD, J. J. Collective climate action and networked climate governance. *Wires Climate Change* 8, 2017. p. 1-17.

TOULMIN, S. *Cosmopolis:* The Hidden Agenda of Modernity. Chicago: The University of Chicago Press, [1990] 1992.

TRANCHES DE MELO, D. *Movimentos sociais e institucionalização de políticas públicas de saúde no Brasil.* A experiência do movimento sanitário e do Sistema Único de Saúde. Rio de Janeiro: Mauad, 2015.

UN/ISDR (UNITED NATIONS OFFICE FOR DISASTER RISK REDUCTION). *Living with Risk:* A Global Review of Disaster Reduction Initiatives, vol. 1. Geneva: United Nations, 2004.

URRY, J. *Climate Change & Society.* Cambridge: Polity, 2011.

VALOR. Ministério quer reduzir meta de preservação oficial da Amazônia para 2023. 4 de agosto. 2020. Disponível em: **https://valor.globo.com/brasil/noticia/2020/08/04/ministerio-quer-reduzir-meta-oficial-de-preservacao-da-amazonia.ghtml.**

VETLESEN, A. J. *Cosmologies of the Anthropocene:* Panpsychism, Animism, and the Limits of Posthumanism. Londres e Nova York: Routledge, 2019

VETLESEN, A. J. *The Denial of Nature.* Londres e Nova York: Routledge. 2015.

VIVEIROS DE CASTRO, E. *Métaphysiques cannibales.* Paris: Presses Universitaires de France, 2009.

WALKER, M. J. C. *et al.* The Anthropocene is best understood as an ongoing, intensifying, diachronous event. *Boreas* bor.12636, 2023. p. 1-4.

WANG, H. *China from Empire to Nation-State.* Cambridge, MA: Harvard University Press, 2014.

WEBER, M. Taoismus und Confucianismus. In: *Gesammelte Aufsätze zur Religionssoziologie*, vol. 1. Tübingen: J. C. B. Mohr (Paul Siebeck), [1920a] 1988.

WEBER, M. *Die Wirtschaftsethik der Weltreligionen. Zwischenbetrachtung:* Theorie der Stufen und Richtungen religiöser Weltablehnung, vol. 1. J. C. B. Mohr (Paul Siebek), [1920b] 1988.

WEBER, M. *Wirtschaft und Gesellschaft.* Grundriss der verstehenden Soziologie. Tübingen: J. C. B Mohr (Paul Siebeck), [1921-22] 1988.

WHITE, D. Critical design, hybrid labor, just transitions: moving beyond technocratic ecomodernisms and the it's-too-late-o-cene. In: ARIAS-MALDONADO, M.; TRACHTENBERG, Z. (Org.). *Rethinking the Environment for the Anthropocene:* Political Theory and Sociocultural Relations in the New Geological Epoch. Londres e Nova York: Routledge, 2019.

WHITEHEAD, A. N. *Science and the Modern World.* Cambridge: Cambridge University Press, 1993.

WILDING, A. Ideas for a critical theory of nature. *Capitalism, Nature, Socialism* 19, 2008. p. 48-67.

WIKIPEDIA. *Variants of SARS-CoV-2.* Disponível em: **https://en.wikipedia.org/wiki/Variants_of_SARS-CoV-2**. Acesso em: 7 jan. 2022.

WITLACIL, M. E. The critical pessimism of Theodor Adorno. *New Political Science* 2, 2022. p. 248-264.

WITZE, A. Geologists reject the Anthropocene as a new geological era — after fifteen years of debate. *Nature*, 06 de março. 2024. Disponível em: **https://www.nature.com/articles/d41586-024-00675-8**.

WORLD HEALTH ORGANIZATION. *Addressing Human Rights as Key to the COVID-19 Response.* 2020. Disponível em: **https://www.who.int/publications/i/item/addressing-human-rights-as-key-to-the-COVID-19-response**. Acesso em: 20 jul. 2020.

WRIGHT, C.; NYBERG, D. *Climate Change, Capitalism, and Corporations:* Processes of Creative Self-Destruction. Cambridge: Cambridge University Press, 2015.

WYNNE, B. Strange weather, again. *Theory, Culture & Society* 27, 2010. p. 289-305.

YOUNG, C. E. F. Demanda efetiva e sustentabilidade. Green New Deal como política econômica verde. *Boletim Ecoeco* 42, 2023. p. 18-29.

YOUNG, N. South Africa's long-standing alcohol abuse problem reemerged a day after lifting a lockdown ban. *Quartz Africa*, 7 de maio, 2020. Disponível em: **https://qz.com/africa/1863922/southafrica-alcohol-abuse-up-after-lockdown-sales-ban/**. Acesso em: 20 jul. 2020.

ZAFFARONI, E. R. La naturaleza como persona: Pachamama y Gaia. In: ACOSTA, A., MARTÍNEZ, E. (Org.). *La naturaleza con derechos.* De la filosofía a la política. Quito: Abya Yala, 2011.

ZINN, J. O. Risk as discourse: Interdisciplinary perspectives. *Critical Approaches to Discourse Analysis across Disciplines* 4, 2010. p. 106-124.

1ª edição | outubro 2024
impressão | eskenazi
papel miolo | pólen bold 90g/m²
papel capa | cartão supremo 300g/m²
tipografia | kievit e supria